Dietrich Schäfer

Dänische Annalen und Chroniken

Von der Mitte des 13. bis Ende des 15. Jahrhunderts

Dietrich Schäfer

Dänische Annalen und Chroniken
Von der Mitte des 13. bis Ende des 15. Jahrhunderts

ISBN/EAN: 9783743423411

Hergestellt in Europa, USA, Kanada, Australien, Japan

Cover: Foto ©ninafisch / pixelio.de

Manufactured and distributed by brebook publishing software (www.brebook.com)

Dietrich Schäfer

Dänische Annalen und Chroniken

Dänische Annalen und Chroniken

von der

Mitte des 13. bis zum Ende des 15. Jahrhunderts,

mit

Berücksichtigung ihres Verhältnisses zu schwedischen und deutschen Geschichtswerken

kritisch untersucht

von

Dr. Dietrich Schäfer.

Hannover.

Hahn'sche Hofbuchhandlung.

1872.

Herrn Professor Motz
in Bremen

dankbar gewidmet.

Uebersicht.

Einleitung 1
I. Die Ableitungen der Annales Lundenses majores von der Mitte des 13. Jahrhunderts bis 1313 5
   1. Annales Ryenses 5
   2. Chronica Danorum et praecipue Sialandiae 1028—1282 . 13
   3. Anonymi Chronicon Danicum 1130—1300 15
   4. Anonymi Nestvedensis Chronologia Danica 821—1300 . . 23
   5. Annales Lundenses 29
   6. Chronicon Danorum 936—1317 und Annales Danici 1101 bis 1313 37
   7. Die Zusätze zur Chronica Sialandiae und ihre Fortsetzung bis 1307 42
   8. Chronologia rerum memorabilium 1020—1323 49
   9. Chronicon Danicum 980—1286 52
   10. Breve Chronicon Danicum 1249—1290 56
   11. Annales Danici 1131—1325 57
II. Die Annalen und Chroniken des 14. und 15. Jahrhunderts . . 59
   1. Chronicon breve Danicum 1275—1347 59
   2. Continuatio Chronici Danorum et praecipue Sialandiae 1308—1363 60
   3. Nicolai Archiepiscopi Lundensis Chronica Episcoporum Lundensium 72
   4. Anonymi Chronicon Danicum 1274—1497 79
   5. Annales Danici 1316—1389 80
   6. Compendium Historiae Danicae des Thomas Geysmer . . 81
   7. Chronicon Danicum 1241—1410 83

III. Die schwedischen Chronologien des Mittelalters und ihre dänischen Nachrichten 90
 1. Chronologia vetusta 1298—1473 91
 2. Chronologia vetus 916—1263 92
 3. Anonymi veteris Rerum Danicarum et Suecicarum Chronologia 826—1415 94
 4. Incerti Scriptoris Sveci Chronicon Rerum Sveo-Gothicarum 1160—1320 96
 5. Chronologia 266—1430 und
 6. Chronologia vetusta bis 1430 98
 7. Diarium Fratrum Minorum Wisbyensium 103

IV. Dänische Nachrichten aus dem 13. bis 15. Jahrhundert in deutschen und spätern dänischen Quellen 108
 A. Deutsche Quellen 108
  1. Detmars Chronik 108
  2. Annales Lubicenses 110
  3. Korners Chronik 112
  4. Chronica Daniae des Albertus Krantz 114
  5. Chronik der nordelbischen Sassen 115
  6. Annales Colbazienses 115
 B. Dänische Compilationen des 16. Jahrhunderts 118
  1. Incerti Auctoris Chronicon Danicum 1268—1523 . . . 119
  2. Die Collectaneen des Petrus Olai 121
  3. Hamsfortii Chronologia Secunda 123
Schluss 124

Die dänische Historiographie des Mittelalters hat einen eigenthümlichen Entwickelungsgang genommen. Entsprechend dem späteren Eintreten des Volks in den christlichen Culturkreis, wurde in Dänemark noch an keine literarische Thätigkeit gedacht, als die südlichen und westlichen germanischen Nachbarn schon erhebliche Leistungen auf diesem Gebiete aufzuweisen hatten. Der Erste, der es versuchte, ein Denkmal der Gegenwart und Vergangenheit des Volks der Nachwelt zu überliefern, war ein Fremder, Adam von Bremen. Noch lagen die Einheimischen zu sehr im Widerstreit mit den kaum abgestreiften Sitten des nordischen Wikingerlebens, als dass es ihnen möglich gewesen wäre, auf dieser friedlichen Bahn Erfolge zu erringen. Doch nicht lange, so zeigte sich auch hier die frische Kraft des kleinen, aber rührigen Volks. Dem politischen Aufschwung unter drei auf einander folgenden hervorragenden Herrschern geht auch ein regeres geistiges Leben zur Seite; die gleichzeitigen Inhaber des erzbischöflichen Stuhls von Lund thun das Ihre, um dasselbe zu fördern. Diesem Streben verdanken wir das Werk Saxos. Aber mit dieser für Zeit und Volk wirklich grossartigen, einzig dastehenden Leistung scheint auch die Kraft erschöpft zu sein. Der ganze Rest des Mittelalters, drei Jahrhunderte, verfliessen, ohne dass auch nur irgend eine hervorragende historiographische Leistung zu verzeichnen wäre. Ein Dutzend oder mehr dürftiger, mit wenigen Ausnahmen sehr dürftiger Annalen und Chroniken sind das Einzige, was uns aus dieser langen Zeit an historischen Aufzeichnungen erhalten ist und den nächsten Anspruch darauf hat, als Grundlage für unsere Kenntniss der dänischen Geschichte dieser Zeit angesehen zu werden. Es ist, als ob mit dem Sinken der politischen Macht und des äussern Ansehens auch die nöthige geistige Regsamkeit und

Frische für Geschichtschreibung dahingeschwunden wäre.
Erst der Humanismus hat durch seine Jünger auch auf diesem Gebiete neues Leben hervorgerufen. Wer in die Lage kommt, Vorgänge aus der dänischen Geschichte des 13., 14. und 15. Jahrhunderts zu untersuchen, wird mit Ausnahme weniger Fälle[1]) bald den grossen Mangel an genauen und zuverlässigen zeitgenössischen Nachrichten schmerzlich empfinden. Und dazu kommt nun noch, dass die Kritik der vorhandenen Nachrichten nicht ohne Schwierigkeit ist. Usinger gebührt das Verdienst, die dänischen Annalen und Chroniken des Mittelalters zuerst auf ihren historischen Werth kritisch untersucht und ihr Verhältniss zu einander festgestellt zu haben[2]). Für die Wichtigsten derselben weist er eine uns verlorene gemeinschaftliche Quelle nach, gestützt einmal auf den Umstand, dass diese Aufzeichnungen in ihren Nachrichten die mannigfachste und wechselndste Verwandschaft unter einander zeigen, so dass kaum eins dieser magern Werke sich erklären lässt, ohne alle andern als von ihm benutzt anzunehmen, zum Andern auf die Erscheinung, dass charakteristische Zusätze sich manchmal übereinstimmend in Werken finden, die sonst in keinem directen Zusammenhang mit einander stehen, und endlich darauf, dass selbst die Dürftigsten derselben einzelne Nachrichten enthalten, die ihnen eigenthümlich sind und sich sonst nirgends wiederfinden, ohne dass dieselben gerade als Localnachrichten bezeichnet werden könnten[3]). Aehnliche Ansichten hatten schon Lappenberg[4]) und Waitz ausgesprochen; Letzterer wies zuerst auf die Annales Lundenses als die gemeinsame Grundlage hin[5]). Nach Usinger reichte jene verlorene Quelle der uns erhaltenen Annalen und Chroniken, die er als Annales Lundenses majores bezeichnet,

---

[1]) Dahin gehören z. B. die durch Actenstücke zum Theil trefflich aufgehellten Streitigkeiten zwischen einigen Königen und Erzbischöfen von Lund (Christoph I. u. Eskil, Erich Menved u. Johannes Grand u. a.).
[2]) Usinger: Die dänischen Annalen und Chroniken des Mittelalters, Hannover 1861.
[3]) Usinger: a. a. O., S. 27 ff. [4]) Mon. Germ. Hist., SS. XVI, 390.
[5]) Nordalbingische Studien V, 5.

bis in die Mitte des 13. Jahrhunderts[1]). Als Grund dafür führt er an, dass um diese Zeit die Uebereinstimmung der uns erhaltenen Annales Lundenses mit den übrigen Annalen und Chroniken, die als mehr oder minder reichhaltige Auszüge der Annales Lundenses majores von ihm nachgewiesen sind, aufhört. Diese Letzteren sind nach Usinger Folgende: Die Annales Ryenses, bis 1288 reichend, die Chronica Danorum et praecipue Sialandiae, bis 1282, Anonymi Chronicon Danicum, bis 1300, Anonymi Nestvedensis Chronologia Danica, bis 1300, und die Chronologia rerum memorabilium, bis 1323. Auch für eine spätere Zeit, für die Jahre 1288—1313, sieht Usinger sich veranlasst, für mehrere Annalen und Chroniken eine gemeinschaftliche Quelle anzunehmen[2]). Unwillkürlich wirft man die Frage auf, ob nicht auch für die Zwischenzeit von der Mitte des 13. Jahrhunderts, genauer 1246 nach Usinger, bis 1288 eine solche existirt habe, und eine Vergleichung der oben genannten Quellen für diesen Zeitraum lässt keinen Zweifel über das Vorhandensein einer derartigen Grundlage, mit andern Worten über die Fortsetzung der Annales Lundenses majores über den angegebenen Zeitpunkt hinaus. Dieselbe nachzuweisen, wird unsere nächste Aufgabe sein. Dabei wird, wie in der ganzen Untersuchung, das, was durch Usinger festgestellt ist und als richtig angenommen werden muss, als Grundlage vorausgesetzt. Es soll eben eine Ergänzung und in einigen Punkten Berichtigung zu Usingers Arbeit gegeben werden.

Vor dem Eingehen auf die Sache selbst wird es aber nöthig sein, noch einige Bemerkungen über die Art des Materials und die daraus resultirenden eigenthümlichen Schwierigkeiten für die Beurtheilung desselben vorauszuschicken. Die Erzeugnisse der dänischen Historiographie des Mittelalters sind uns schlechter überliefert als die irgend eines andern Volkes; der grosse Kopenhagener Brand von 1728 hat fast sämmtliche Handschriften zerstört, und wir sind auf späte, oft sehr zweifelhafte Abschriften angewiesen. Müssen wir so von vornherein darauf verzichten, irgend welche Hülfe für die Bestimmung des Werths in der äussern

---
[1]) Usinger: a. a. O., S. 33.   [2]) Usinger: a. a. O., S. 83 ff.

Form der Ueberlieferung zu finden, so wird die Kritik des Inhalts dadurch erschwert, dass das Ueberlieferte durchweg äusserst dürr und dürftig und von ungemein eintönigem Charakter ist. Selten finden sich bestimmte Hinweise auf Klöster und andere Stätten literarischen Schaffens im Mittelalter, und daher kommt es denn auch, dass ein grosser Theil jener Ueberlieferungen eines eigentlichen Namens gänzlich entbehrt, nur einfach als Chronicon Danicum oder Annales Danici betitelt und durch Angabe des Druckorts oder des Umfangs fixirt wird. Es braucht nicht hervorgehoben zu werden, wie sehr dadurch die Uebersichtlichkeit der Untersuchung leidet. Trotzdem habe ich mich nicht entschliessen können, neue Namen aufzubringen. Da Usinger der Erste war, der die dänischen Annalen und Chroniken wissenschaftlich bearbeitete, so habe ich mich seiner von Suhm abweichenden Bezeichnung nach dem Druckort angeschlossen und es sogar vermieden, für die zweite, bis 1307 reichende Redaction der Annales Lundenses den von Langebek gebrauchten und nicht unberechtigten Namen Annales Esromenses anzuwenden. Die in diesem Umstande liegenden Schwierigkeiten scheinen mir am leichtesten überwunden zu werden, wenn man consequent bei den einmal vorhandenen Namen bleibt, da in diesem Falle doch schwerlich zu hoffen ist, Bezeichnungen einführen zu können, die allgemeine Anerkennung finden.

Was die Resultate dieser Untersuchungen betrifft, so bin ich mir wohl bewusst, dass sie nicht alle gleich sicher stehen. Ich habe darnach gestrebt, für die vorhandenen Schwierigkeiten in allen Fällen die einfachste Lösung zu finden; sollte ich nicht immer das Richtige getroffen haben, so bin ich zufrieden, wenn durch diese Arbeit ein zweiter Anstoss gegeben wird, die Wahrheit zu suchen und zu finden.

Zum Schlusse dieser Vorbemerkungen möge es mir noch gestattet sein, meinem hochverehrten Lehrer, Herrn Professor Waitz, für die fördernde Theilnahme, welche er wie den Arbeiten aller seiner Schüler so auch dieser zugewandt hat, den innigsten Dank auszusprechen.

I.

Die Ableitungen der Annales Lundenses majores von der Mitte des 13. Jahrhunderts bis 1313.

1. Die Annales Ryenses.

Sie sind zuerst herausgegeben als Chronicon Erici regis von Lindenbrog, einzeln Hamburg 1603 und in den Scriptores rerum Germanicarum septentrionalium, Frankfurt 1609, dann aus der letztern Sammlung wiederholt von Fabricius. Diese Ausgaben benutzte Langebek bei der Seinigen[1], behielt auch den durch Lindenbrog aufgebrachten Namen bei. Lappenberg hat sie dann unter dem jetzigen Titel nach einer, noch aus dem 13. Jahrhundert stammenden Handschrift des Hamburger Archivs neu herausgegeben[2]). Man vergleiche die Bemerkungen von Usinger[3]) und Lappenberg[4]) über dieselben.

Die Ann. Ry. sind uns in einem lateinischen und einem altdänischen Text erhalten; jener reicht bis 1288, dieser bis 1314. Der Letztere ist herausgegeben von Nyerup[5]) nach einem Codex der Kopenhagener Universitäts-Bibliothek, der leider sehr mangelhaft und dabei der einzige ist. Den dänischen Text hat man immer für eine blosse Uebersetzung des lateinischen erklärt, die aber nach einer Vorlage gemacht sei, die bis 1288 manche Zusätze zu der uns erhaltenen lateinischen Fassung und von da an eine selbständige Fortsetzung bis 1314 geboten habe. In Wirklichkeit liegt, glaube ich, das Verhältniss anders. Beide Texte stimmen nur bis

---

[1]) Scriptores rerum Danicarum I, 149—170. [2]) Mon. Germ. Hist., SS. XVI, 292—410. [3]) a. a. O., S. 61 ff. [4]) Pertz, Archiv für ältere deutsche Geschichtskunde VI, 364 ff. [5]) Nye Danske Magazin V, 163—194.

zum Jahre 1261 so mit einander überein, dass sie als ein Werk bezeichnet werden können; nach 1261 aber ist der altdänische Text dem lateinischen nicht verwandter, ja kaum so verwandt, wie den Ann. Lund. und den übrigen Gliedern der auf den Ann. Lund. maj. beruhenden Quellengruppe. Von 91 Nachrichten, welche die Ann. Ry. in den Jahren von 1262—1288 bringen, finden sich nur 37 in der dänischen Uebersetzung wieder, und darunter stimmen nur 6 wörtlich mit dem lateinischen Text überein, und zwar sämmtlich so kurze Nachrichten, dass dieser Uebereinstimmung nur wenig Bedeutung beigelegt werden kann. So z. B. zum Jahre 1266.

Lat. Ann. Ry.	Dän. Ann. Ry.
Birger Dux Sueciae obiit.	oc tha døthæ hertig Byrgerus af Swerighæ.

Man vergleiche ferner 1263 der Uebersetzung mit 1265[1]) der lateinischen Ann. Ry., 1278 mit 1277[2]), 1270.

Andererseits findet sich bisweilen eine auffallende Aehnlichkeit mit den Ann. Lund. So stimmen die Nachrichten zum Jahre 1275 bei der dänischen Uebersetzung genau mit denen zum Jahre 1274 der Ann. Lund. Zur Vergleichung ziehe ich auch die lateinischen Ann. Ry. mit heran; man

---

[1]) In der Handschrift der dänischen Ann. Ry. steht die Jahreszahl 1263 mit der Notiz über den Tod des Bischof Nicolaus von Schleswig und die Wahl Bondo's und einer andern, die wirklich ins Jahr 1267 gehört, zwischen 1266 und 1268. Dies wird es wohl gewesen sein, was Arnas Magnaeus veranlasste, in seiner Abschrift zu der Zahl 1263 die Worte: „corrige 1267" hinzuzufügen, s. Nye Danske Magazin V, 199. Subm, Historie af Danmark X, 543 berichtet Nicolaus' Tod unter 1265 und führt dafür als Beleg die Ann. Ry. und Lgb., Scr. rer. Dan. V, 571 und VII, 167 an, die letztere Stelle irrthümlich, denn dort lässt Hamsfort in seiner Series Episcoporum Slesvicensium den Bischof Nicolaus 1263 sterben. Die zweite Stelle, Lgb. V, 571, ist die entscheidende. Sie gehört einem Bruchstück der Ann. Lund. und zwar aus der Erfurter Handschrift an, die Jahre 1246—65 umfassend, vgl. Nordalb. Studien V, 55. So stimmen die beiden wichtigsten Annalenwerke der Zeit mit einander überein.

[2]) Petrus Bang, Bischof von Roeskild, starb am 23. Juni 1277, s. Liber Daticus Roskildensis, Lgb., Scr. rer. Dan. III, 268.

wird sehen, dass Ann. Lund. und Ry. auch in dieser Zeit einander nicht so fern stehen.

Lat. Ann. Ry.	Dän. Ann. Ry.	Ann Lund.[1]
1274. obiit Jacobus Archiepiscopus Lundensis. Generale consilium Lugduni celebratum est. Et tota Graecia ad fidem est conversa.	1275. Consilium generale wor i Lund[2]), klærkæmood, under Gregorius pauæ thiit thæn tiende. Item erkebifcop Jæiop døthæ. Ærland word karin.	1274. Consilium generale celebratur Ludonia sub Papa Gregorio X. Obiit Dominus Jacobus Archiepiscopus Lundensis et eligitur Erlandus.

Der Uebersetzer lässt öfter, wie er es hier thut, den lateinischen Ausdruck stehen und fügt den dänischen erläuternd hinzu. Dadurch erfahren wir, was in seiner Vorlage stand und können vergleichen. In der Zeit von 1262—1288 kommen ausser dem angeführten drei solche Beispiele vor, und nur einmal findet sich der lateinische Ausdruck in den Ann. Ry. wieder, und dies ist noch dazu ein Fall, bei dem keine andere lateinische Bezeichnung möglich war; es ist ein terminus technicus. Zum Jahre 1270 heisst es nämlich: „Solæn mæstæ fith fkin, Eclipsis solis." Zu demselben Jahre heisst es dann weiter: „Kuning Lodwig af Frankerighæ døthæ i leeding ad terram sanctam, i sin Iørsæl færd." Die lateinischen Ann. Ry. haben zu 1271[3]) bloss: „Obiit Lodewicus rex Franciae." Ferner die dänischen Ann. Ry. zu 1287: Kuning (Eric) word consecratus, veyd, til kuning i Lund, af erkæbifcop Johannes, aa Julædag", die lateinischen: „Ericus, filius Erici Regis, coronatur in die natalis Domini. Hic dictus Erik Menøwoet." In den Ann. Lund. finden sich diese Nachrichten nicht; sie können diesen also nicht entnommen sein.

---

[1]) Lgb., Scr. rer. Dan. I, 247.

[2]) Der Uebersetzer hat, unbekannt mit dem lateinischen Namen der Stadt Lyon, Lund daraus gemacht und ausserdem eine falsche Jahreszahl gesetzt. Beide Ereignisse fallen in das Jahr 1274; Erzbischof Jacob starb 18./19. Februar, s. Liber Daticus Lundensis, Lgb., Scr. rer. Dan. III, 488.

[3]) Hier hat die dänische Uebersetzung das richtige Jahr.

Noch auffallender in Bezug auf die Aehnlichkeit der dänischen Ann. Ry. mit den Ann. Lund. ist das Jahr 1285.

Dän. Ann. Ry.	Ann. Lund.[1]
Greue Jacob af Halland word flawin til ridderæ af kuning af Noryæ. Item kuning Philippus af Frankerighe word flawin i thæn strid, han førde ssa mood kuning Peter af Aragonia.	Jacobus Comes Hallandie factus est miles ab Erico Rege Norwegie. Philippus Rex Francie oppressus est in bello, quod habuit contra Petrum Regem Aragonum.

Die lateinischen Ann. Ry. haben Nichts von diesen Nachrichten.

Ein ähnliches Verhältniss zeigt sich bei Vergleichung der Jahre 1263 (in beiden Redactionen der Ann. Lund.[2]), 1264 (in den Ann. Lund. bei Langebek), 1266 (in beiden Redactionen), 1278 der dänischen Uebersetzung mit 1279[3]) der Ann. Lund., 1283.

Auch mit der Chronica Sialandiae und dem Anonymi Chronicon Danicum ap. Lgb. IV, 225 findet sich bisweilen wörtliche Uebereinstimmung oder doch überraschende Aehnlichkeit. Ich unterlasse es hier, die Belegstellen dafür anzuführen; bei der Besprechung jener beiden Werke werde ich darauf zurückkommen und ihr Verhältniss zu den dänischen Ann. Ry. näher auseinandersetzen.

Noch muss hier erwähnt werden, dass die dänische Uebersetzung allein für die Jahre 1262—1288 dreizehn selbständige Nachrichten aufzuweisen hat, die sich in andern dänischen Quellen nicht finden, nämlich zu den Jahren 1262, 1265, 1271, 1272, 1274, 1277, 1287, 1288 und neun ihr eigenthümliche Zusätze zu Nachrichten, die uns auch sonst überliefert sind, zu den Jahren 1263, 1270, 1271, 1272, 1278, 1285, 1286, 1287.

Diese Umstände berechtigen, glaub' ich, zu dem Schlusse, dass die Vorlage der sogenannten dänischen Uebersetzung der Ann. Ry. schon von 1262 an ein selbständiges Werk

---

[1] Lgb., Scr. rer. Dan. I, 248.
[2] Nordalb. Studien V, 55 und Lgb., Scr. rer. Dan. I, 246.
[3] Das Concilium in Veile fand 1279 statt, Suhm, Hist. af Danm. X, 787.

war, und dass die Fortsetzung der ihr zu Grunde liegenden Annalen nicht von 1289—1314, sondern von 1262—1314 zu rechnen ist. Daraus aber würde folgen, dass die Ann. Ry. in ihrer ursprünglichen Gestalt nur bis 1261 reichten, und dass auch schon im lateinischen Text die Jahre 1262—1288 das Werk eines Fortsetzers sind, denn anzunehmen, dass der Verfasser des lateinischen Grundtextes der dänischen Uebersetzung mit dem Jahre 1262 plötzlich seine Vorlage verliess und nun anfing, selbständig zu arbeiten, während er bisher derselben so treu gefolgt war, wird so leicht Keiner geneigt sein.

Noch eine andere Erscheinung findet bei der Annahme eines ursprünglich bis 1261 reichenden Textes, der zwei selbständige Fortsetzer fand, eine bessere Erklärung, als sie bisher möglich war. Bis zu dem genannten Jahre nämlich stimmen allerdings die beiden Texte überein, so dass man sie unzweifelhaft als ein und dasselbe Werk aufzufassen hat, aber trotz dieser im Ganzen genauen Uebereinstimmung fehlt es doch nicht an einzelnen Abweichungen, die darin bestehen, dass bald der eine, bald der andere Text eigenthümliche Zusätze hat. Ich hebe den letztern Umstand hervor, weil Usinger[1] nur der Zusätze gedenkt, welche die dänische Uebersetzung bietet, und man dadurch zu der falschen Ansicht verleitet werden könnte, als habe der lateinische Text dergleichen nicht, sei also schon dadurch als der ursprünglichere gekennzeichnet. Im Gegentheil sind sogar die lateinischen Ann. Ry. noch reicher an solchen Zusätzen als die dänischen. Dieselben finden sich in jenen zu den Jahren 1100, 1103, 1115, 1118, 1119, 1120, 1125, 1143, 1144, 1146, 1148, 1149, 1150, 1158, 1170, 1174, 1182, 1186, 1188, 1190, 1192, 1194, 1195, 1196, 1198, 1200, 1201, 1205, 1207, 1210, 1213, 1216, 1222, 1226, 1227, 1230, 1233, 1234, 1236, 1237, 1239, 1241, 1258, in diesen unter §. 16 und 29[2], dann zu den Jahren 1074, 1130, 1170, 1172, 1202, 1208, 1209, 1215, 1216, 1221, 1236, 1238, 1241, 1242, 1245, 1246. Meistens sind dieselben von geringer Bedeutung. Wie die dänische Uebersetzung zum Jahre 1209, so hat der lateinische Text

---

[1] a. a. O., S. 78.   [2] Nye Danske Magazin V, 166 und 168.

zum Jahre 1237 eine längere Mittheilung über das Ruhkloster, die ihm eigenthümlich ist. Diese Zusätze scheinen sich mir am einfachsten zu erklären, wenn wir sie den Fortsetzern der ursprünglich nur bis 1261 reichenden Ann. Ry.[1]) zuschreiben, welche Letzteren dann also nur das beiden Texten Gemeinschaftliche, was allerdings ⁹/₁₀ des Ganzen oder mehr ist, enthalten haben würden. Die Art der Zusätze widerspricht dieser Annahme nicht. Jene in den lateinischen Ann. Ry. finden sich zum grössten Theil in den Ann. Lund., der Chron. Sial. ap. Lgb. II, 604, dem Anonymus Nestvedensis ap. Lgb. I, 368, dem Anon. Chron. Dan. ap. Lgb. IV, 225 und dem Chronicon Danicum ap. Lgb. III, 260 wieder, bald hier, bald dort in grösserer Aehnlichkeit, bisweilen nur in einer dieser Quellen oder zwei, meistens aber in mehreren zugleich erhalten; sie sind als den Ann. Lund. maj. entnommen zu betrachten. Die Uebrigen sind fast ausschliesslich Nachrichten über Klostergründungen, deren einige auch in die Chronologia rerum memorabilium ap. Lgb. II, 520 übergegangen sind, ob aus den Ann. Ry. oder den Ann. Lund. maj. bleibt allerdings zweifelhaft. Die Chronologia und die Ann. Ry. allein unter allen dänischen Quellen erwähnen z. B. die Gründung der Klöster Colbaz, Oliva, Reinfeld²), Gulholm. Auch die Ann.

¹) Es muss in Frage gestellt werden, ob diese Grundlage der Ann. Ry. und ihrer Uebersetzung noch den Namen Ann. Ry. verdient. Denn die Nachrichten, welche das Ruhkloster betreffen und Lappenberg veranlasst haben, den Annalen ihren jetzigen Namen beizulegen, finden sich entweder nach 1261 oder sind Zusätze, die immer nur in einer der beiden Redactionen enthalten sind. Da, wie gesagt, Beide derartige Zusätze haben (die hauptsächlichsten finden sich im dänischen Text zum Jahre 1209, im lateinischen zum Jahre 1237), so kann man ohne Bedenken auch beide Fortsetzer in das Ruhkloster versetzen oder mit ihm in nahe Beziehung bringen, ob aber jene ursprünglichen Annalen, bleibt fraglich. Diese waren ein Auszug aus den Ann. Lund. maj. mit selbständigen Notizen besonders über deutsch-dänische Verwicklungen. Dies und der Hass des Verfassers gegen die Deutschen weist allerdings auch auf Süd-Jütland als seine Heimath hin.

²) Die Gründung Reinfelds wird von den Ann. Ry. fälschlich ins Jahr 1190 verlegt. Albert von Stade (Mon. Germ. Hist. XVI. 351) er-

Lund. und andere sind verhältnissmässig reich an Mittheilungen über Klostergründungen, und ich möchte daher fast zu der Annahme geneigt sein, dass der Fortsetzer der Ann. Ry. gerade diese Art Nachrichten nur etwas reichlicher den Ann. Lund. maj. entnommen hat, als die übrigen Annalenschreiber, um so mehr, als der Verfasser der Chronol. rer. memor., wenn er die Ann. Ry. kannte, dieselben, wie wir noch sehen werden, wohl nur in der Redaction bis 1261, also ohne jene Zusätze hatte. Abgesehen von diesen Klosternachrichten hat nur das Jahr 1170 eine Notiz, die sich in dänischen Quellen sonst nirgends wiederfindet.

In Betreff der Zusätze der dänischen Uebersetzung, welche fast sämmtlich sehr unbedeutend sind, ist allerdings zu bemerken, dass dieselben sich nur zum Theil in andern dänischen Quellen nachweisen lassen. Die in §. 16 und und zum Jahre 1074 finden sich in den Ann. Lund.[1]), der von 1236 im Chron. Sial.[2]), 1215 in dem den Ann. Lund. maj. sehr nahe stehenden[3]) Chron. Dan. ap. Lgb. III, 260 und im Anon. Chron. Dan. ap. Lgb. IV, 225 wieder, ebendaselbst auch eine englische Nachricht zum Jahr 1216[4]); den Tod des Gründers des Dominikaner-Ordens zum Jahre 1221 hat die Chronol. rer. memor. fälschlich zum Jahre 1219, die Chron. Sial. gar zum Jahre 1200[5]). Einige jener Zusätze sind an unpassender Stelle eingeschoben, so z. B. die Auslassung über die Verdienste Waldemars II. zum Jahre 1170, oder beruhen auf einem Irrthum, wie höchst wahrscheinlich die Notiz zum Jahre 1202, denn von einem Zuge des Erzbischofs Andreas und seiner Brüder nach „Finland"

---

zählt sie zum Jahre 1186, und damit stimmt auch überein, dass Arnold von Lübeck III, 22 (Mon. Germ. Hist. XXI, 162) der Mönche von Reinfeld schon zum Jahre 1187 gedenkt. Vgl. auch Lübeckisches Urkundenbuch I, 9.

[1]) Nordalbing. Studien V, 24 und 42 (unter 1053); Lgb., Scr. rer. Dan. I, 225 und 238.
[2]) Lgb., Scr. rer. Dan. II, 629.
[3]) Vgl. darüber Usinger, a. a. O., S. 34 ff. und S. 52 ff.
[4]) Ueber diese besonders interessante Notiz s. Usinger, a. a. O. S. 35.
[5]) Lgb., Scr. rer. Dan. II, 525 und 623.

ist weder aus dänischen, noch aus deutschen oder schwedischen Quellen irgend etwas bekannt; derselbe hat in diesem ersten Jahre von Andreas' Episcopat auch schwerlich stattgefunden. Einige kleine selbständige Notizen über Klöster und Kleriker sind erklärlich und von geringer Bedeutung. Ueberhaupt war die Vorlage der dänischen Uebersetzung, abgesehen von der Fortsetzuug von 1289—1314, keineswegs „eine vollständigere Recension der Ann. Ry." [1]), sondern diese sind im lateinischen Text entschieden reichhaltiger und historisch genauer.

Es fragt sich nun, in welchem Verhältniss stehen die letzten Jahre, 1246—1261, des beiden Texten der Ann. Ry. zu Grunde liegenden Werks, für die Usinger eine Benutzung der Ann. Lund. maj. nicht mehr annimmt, da diese nach seiner Meinung ja nur bis 1245 reichten, und die beiden selbständigen Fortsetzungen von 1262—1288 und von 1262—1314 zu den einzelnen Gliedern der auf den Ann. Lund. maj. beruhenden Quellengruppe. Die Jahre 1289—1314 des dänischen Textes leitet Usinger [2]) aus jener gemeinschaftlichen Quelle her, aus der eine Reihe von Aufzeichnungen für diese Jahre geschöpft haben, und die wir schon oben [3]) erwähnten. Für die Jahre 1262—1288 desselben Textes haben wir auf die zahlreichen Uebereinstimmungen, die bald hier, bald dort mit den Ann. Lund., den lateinischen Ann. Ry., der Chron. Sial., dem Anon. Chron. Dan. sich finden, und auf die noch überdies vorhandenen selbständigen Zusätze hingewiesen; es ist dasselbe Verhältniss, das sich vor 1246 zeigt, und wir ziehen daraus den Schluss, dass auch für jene Jahre eine mit den genannten Werken gemeinsam benutzte Grundlage vorhanden gewesen sei, eben die noch über das Jahr 1245 hinausreichenden Ann. Lund. maj. Vielleicht, dass der Verfasser, wie jener der lateinischen Ann. Ry. ein Angehöriger des Ruhklosters, diese mit ihrer Fortsetzung bis 1288 kannte und an einigen Stellen benutzte; aber nothwendig zur Erklärung unseres dänischen Textes ist eine solche Annahme durchaus nicht, und vereinfacht wird die Sache durch sie auch gerade nicht.

---

[1]) Usinger, a. a. O., S. 78.   [2]) a. a. O., S. 83.   [3]) S. 3.

Es bleiben noch die Jahre 1246—1261 und die lateinische Fortsetzung von 1262—1288, mit andern Worten der letzte Theil der Annalen, die wir gewöhnlich als Ann. Ry. zu bezeichnen pflegen. Ihr Verhältniss zu der Chron. Sial., zu dem Anon. Chron. Dan. ap. Lgb. IV, 225 und den Ann. Lund. wollen wir bei der Einzelbesprechung dieser Quellen erörtern.

2. Die Chronica Danorum et praecipue Sialandiae, a. a. 1028 usq. a. a. 1282.

Sie wurde zuerst herausgegeben von Arnas Magnaeus, Leipzig 1695. 8°, nach einem Pergamentcodex, der beim Kopenhagener Brande von 1728 wie so viele andere Handschriften vernichtet wurde. Die Ausgabe bei Langebek[1]) ist ein Abdruck jener. Die späteren Zusätze und die Fortsetzung, welche beide Herausgeber ans Ende der Chronik angehängt haben, werde ich hier übergehen, um später darauf zurückzukommen. Usinger behandelt diese Chronik S. 56 ff.

In der Chron. Sial. sind deutlich zwei Theile zu unterscheiden: dürftige Annalen, den Ann. Lund. maj. entnommen, und daneben eine Anzahl ausführlicher, verschiedenen dänischen und fremden Quellen entstammender Berichte, die zu einzelnen Notizen der Annalen gleichsam als Illustration dienen. Dieser zweite Bestandtheil ist es besonders, welcher der Chronik ihre Wichtigkeit verleiht; Usinger hat denselben auf seine Quellen zurückzuführen gesucht. Für unsere Frage kömmt nur die Zeit nach 1245 in Betracht und ich werde mich auf deren Besprechung beschränken.

Die Chron. Sial. stimmt, wie auch schon Usinger[2]) bemerkt, auch noch nach 1245 in derselben Weise mit den Ann. Ry. überein, wie vor diesem Jahre. Beide haben neben den gemeinschaftlichen Nachrichten selbständige, doch die Ann. Ry. bedeutend mehr, weil sie umfassender angelegt sind. Usinger erklärt dieses Verhältniss, indem er

---

[1]) Scr. rer. Dan. II, 604—632. [2]) a. a. O., S. 77.

annimmt, dass neben den Ann. Lund. maj. auch die Chron. Sial. von den Ann. Ry. benutzt sei; diese Ansicht spricht auch Lappenberg aus[1]). Bei einer Bekanntschaft des Verfassers der Ann. Ry. mit der Chron. Sial. müsste es schon von vornherein auffallen, dass derselbe die dürftigen Notizen, welche die Chron. Sial. unter den einzelnen Jahren bringt, so reichlich benutzt haben sollte, während er von den umfassenden Zusätzen keine Notiz nahm. Auch die mancherlei kleinen Eigenthümlichkeiten, welche die Ann. Ry. da haben, wo sie mit der Chron. Sial. dieselben Nachrichten so übereinstimmend bringen, dass sie aus dieser herzuleiten wären, bleiben in diesem Falle unerklärt. Man vergleiche die Jahre 1249 (Ann. Ry. 1248), 1254, 1262, 1267. Endlich wäre eine solche Benutzung nach dem, was wir im vorigen Abschnitte nachgewiesen haben, auch nur für die beiden Fortsetzungen der Ann. Ry. von 1262—1288 resp. 1314 möglich; und wie erklärt sich dann die Uebereinstimmung in den Jahren 1246—1261, z. B.

Ann. Ry.	Chron. Sial.
1253. Bellum fuit Skelfiskør inter regem Christophorum et Heinricum Aemaelthorp.	1253. Bellum fuit Skyælfiskür inter Christophorum et Henricum Hæmelthorp.

ferner zu 1246, 1249, 1251, 1254, 1258, 1261? Soll vielleicht die Chron. Sial. für diese Jahre die erste, bis 1261 reichende Redaction der Ann. Ry. benutzt haben und hernach selbst wieder von den Fortsetzern der Ann. Ry. benutzt worden sein? Das würde ein sehr unwahrscheinliches Verhältniss geben. So genau wörtliche Uebereinstimmung, wie sie an der citirten Stelle Ann. Ry. und Chr. Sial zeigen, findet sich noch mehrfach in ähnlichen kurzen Notizen zwischen verschiedenen Quellen. Sie ist an dieser Stelle um so auffälliger, als die übrigen Berichte gerade hier ziemlich auseinanderlaufen; ich werde an einer andern Stelle darauf zurückkommen.

Wie mit den lateinischen Ann. Ry., so hat die Chron. Sial. auch mit der Fortsetzung der Ann. Ry. von 1262 an,

---
[1]) Mon. Germ. Hist. XVI, 389.

die uns in dänischer Uebersetzung erhalten ist, wie schon oben[1]) bemerkt wurde, viele Nachrichten gemeinschaftlich, darunter manche in grosser Aehnlichkeit. Man vergleiche 1262, 1264, 1266, 1267, 1268, 1270, 1272, dänische Ann. Ry. 1275 mit Chron. Sial. 1274[2]), 1277 und 1278 der Ann. Ry. mit 1277 der Chron., 1280. Darunter stimmen 1264, 1267, 1268, 1274, 1277, 1280 auch ziemlich mit den lateinischen Ann. Ry. überein. Man vergleiche, wie das Verhältniss unter den drei Quellen wechselnd ist; ich füge zugleich die mit den Ann. Ry. übereinstimmende Nachricht des Anon. Chr. Dan. ap. Lgb. IV. 225 hinzu.

Chron. Sial.	Lat. Ann. Ry.	Dän. Ann. Ry.	Anon. Chr. Dan.
1267. obiit Domina Ingæborgh in Hethæbü.	1267. obiit Domina Ingiborg de Kalaøndborgh.	1267. Fru Ingeburg af Kallenburg døthæ i Hathæby.	ap. Lgb. IV. 225. 1267. Obiit Domina Ingeburgh de Calondsburgh.

Hier scheinen die dänischen Ann. Ry. die beiden andern Quellen vereinigt zu haben, dagegen

1268. Castrum Kaldingæ reædificatum est a Rege Erico.	1268. Castrum in Kalding aedificatum est.	1268. Kuning Erik Christoferssøn bøyde Kaldinghws.

Hier ist die Chron. Sial. genauer als die beiden Andern.

Das Einfachste, diese Erscheinungen zu erklären, bleibt für die Zeit nach 1245 das, was es vor 1245 war, die Annahme einer gemeinschaftlichen Quelle. Wir sehen, auch die Chron. Sial. führt uns auf eine solche hin.

3. Anonymi Chronicon Danicum,
a. a. 1130 usq. a. a. 1300.

Es ist herausgegeben von Langebek[3]) nach einer Abschrift von Arnas Magnaeus aus einem ebenfalls 1728 verbrannten Kopenhagener Codex. Usinger weist dasselbe[4]) als einen

---

[1]) S. 8. [2]) S. 7, Note 2.
[3]) Scr. rer. Dan. IV, 225—230.
[4]) a. a. O., S. 28 und 81. Der dort ausgesprochenen Ansicht, dass unter den in den Ann. Danici Sorani (Lgb., Scr. rer. Dan. V, 457) zum Jahre 1247 erwähnten „Excerpta Patrum" das in Rede stehende Chronikon zu verstehen und dieses schon deshalb als ein Auszug aus den

Auszug der Ann. Lund. maj. nach, zugleich lässt er für die späteren Theile die Chron. Sial. und die Fortsetzung der Ann. Ry. von 1289—1314 benutzt sein. Ausser den von Usinger angeführten Stellen stimmen noch eine Reihe anderer in dem Zeitraum vor 1245 mit den Ann. Ry. überein, so 1182, 1202, 1204, 1206 mit Ann. Ry. 1205[1]), 1216, 1218, 1222. Auch die Zahl der Parallelstellen zu den Ann. Lund. liesse sich noch um einige vermehren, so z. B. 1205 und 1209. Dass das Anon. Chron. Dan. gemeinschaftlich mit der Chron. Sial. die Jahre 1130—1144 allein richtig darstelle[2]), ist nur zum Theil wahr. Die Abweichungen und Auslassungen in Ann. Ry. und Lund. reichen nur von 1130—1137, bis zum Tode des Erzbischofs Asker von Lund[3]),

Ann. Lund. maj. zu betrachten sei, kann ich nicht beistimmen. Vielmehr scheinen mir mit den „Excerpta Patrum" nur Auszüge aus den Kirchenvätern gemeint zu sein, mit denen ein Bericht über den Brand von Sorö in denselben Band gerathen war, und zwar ist dies um so wahrscheinlicher, als sich zum Jahre 1340 noch ein ähnlicher Hinweis auf das Werk eines Autors Herveus findet. Auch glaube ich nach dem von Suhm mitgetheilten Facsimile Langebeks die zweite Hand nicht mit 1231, sondern erst mit der letzten Nachricht dieses Jahres beginnen lassen zu müssen. Offenbar ist in der uns vorliegenden Handschrift der erste Theil von einer Hand geschrieben, ohne spätere Nachträge, und zwar nicht vor 1241; ist also Usinger's Ansicht, dass die Bemerkungen über Knut und Waldemar II. später nachgetragen, das Uebrige aber eine zeitgenossische Aufzeichnung sei, richtig, so muss man ein früheres Exemplar, wenigstens dieser letztern Nachrichten, annehmen, das dem unsrigen zu Grunde gelegen hat. Uebrigens finden sich dieselben fast sämmtlich in andern Quellen wieder und zwar zum Theil in ziemlich übereinstimmender Fassung, nur einige kleine Zusätze und vier Datenangaben sind durchaus eigenthümlich.

Dabei mag noch bemerkt werden, dass Suhm in seiner Note f ap. Lgb. V, 457 mit Unrecht den Autor eines Fehlers beschuldigt. Während dieser von der Schlacht an der Eider (29. Sept. 1226, s. Dahlmann, Gesch. v. Dänem. I, 389 und Suhm, Hist. af Danm. IX, 524) spricht, denkt jener fälschlich an die Shlacht bei Bornhöved.

[1]) Unser Chronikon und das Chron. Dan. ap. Lgb. III, 260 haben hier das richtige Jahr, vgl. Suhm, Hist. af Danm. IX, 94,

[2]) Usinger. a. a. O., S. 57 und 61.

[3]) Chron. Sial. und Anon. Chr. Dan. setzen denselben fälschlich im

und selbst für diese Zeit sind die genannten beiden Chroniken nicht die einzigen, welche diese Jahre richtig darstellen. Zunächst haben die Ann. Lund. die Ermordung Knut Laward's allein richtig ins Jahr 1131 gesetzt[1]), dann finden sich die Angaben jener Chroniken wieder in der Chronol. rer. memor. ap. Lgb. II, 520, ohne dass man annehmen kann, diese habe eine von jenen gerade hier benutzt. Man vergleiche

Chron. Sial.	Anon. Chron. Dan.	Chronol. rer. mem.
1131. bellum fuit Jaling Iutiæ inter Nicolaum Regem et Ericum Emunæ et fugit Ericus. 1132 item aliud bellum inter eosdem in Syræ insula, et similiter fugit Ericus.[2])	1131. bellum fuit Jaling inter Nicolaum et Ericum. 1132. Bellum fuit Syre et in utroque fugit Ericus.	1131. bellum fuit Jalinge inter Nicolaum et Ericum Emun. 1132. bellum fuit in Sira insula inter Ericum et Magnum, et in utroque fugit Ericus.

Den Zusatz „et in utroque fugit Ericus" haben auch die Ann. Lund., so dass er also wohl in der gemeinschaftlichen Quelle stand, nur ist er bei jenen an eine falsche Stelle, nach der ersten Schlacht, gerathen, welche von den Ann. Lund. zum Jahre 1132 berichtet wird, wie sie auch fälschlich die Schlacht bei Fodvig mit der von Seieroe in dasselbe Jahr, 1133, setzen. Sie verschieben also die Jahre, setzen die ersten Ereignisse zu spät, die letzten zu früh, eine Ungenauigkeit, die so wenig selten ist, dass man kaum ein Dutzend Jahre vergleichen kann, ohne in irgend einer Quelle darauf zu stossen. Die Ann. Ry. machen sich an dieser Stelle, abgesehen von dem verkehrten Todesjahr Knut Laward's, eigentlich keines Fehlers schuldig, sie zie-

---

Jahr 1138, Ann. Ry. richtig 1137, Ann. Lund. 1136. Vgl. darüber Suhm, Hist. af Danm. V. 505 und Lgb., Scr. rer. Dan. III, 446 und 512.

[1]) Sie geschah am 7. Januar 1131, s. Lgb., Scr. rer. Dan. IV, 260 und I, 610. Note n.

[2]) Der Fehler, Erich bei Seieroe besiegt werden zu lassen, machen alle dänischen Annalen, nur in einem spätern Zusatz der Chron. Sial. ist er verbessert, s. Lgb., Scr. rer. Dan. II, 636.

hen nur in der Erzählung mehrere Jahre ihrer Vorlage unter eins zusammen; es ist gleichsam ein Rückfall in die Darstellungsart für jene Zeit, da noch die Nachrichten des Adam von Bremen den Hauptstoff bildeten. Die Nachrichten des Anon. Chron. Dan. von 1139 bis 1144 stimmen vielmehr mit den Ann. Lund. und Ry. überein, als mit der Chron. Sial., ja die von 1140 und 1141 sucht man hier vergebens, während sie sich in den Ann. Lund. Beide wörtlich, 1140 mit einem kleinen Zusatz wiederfinden. Unter 1144 bringen Chron. Sial. und Anon. Chr. Dan. ganz verschiedene Nachrichten; zu 1142 haben Ann. Ry., Chron. Sial. und Anon. Chron. Dan. dieselbe Nachricht folgendermassen

Ann. Ry.	Chron. Sial.	Anon. Chr. Dan.
1142. Bellum fuit Diffling ter uno die et uno anno XIII.vicibus, inter Ericum et Olavum et semper fugit Olavus ante Ericum.	1142. Bellum fuit inter Ericum Lamb et Olavum filium Haraldi duodecies in uno anno, et semper fugit Olavus.	1142. Bellum fuit ter in die Dystlig, uno anno XIII pugnaverunt, et semper fugit Olavus ante Ericum.

Man sieht, dass Anon. Chron. Dan. hier den Ann. Ry. viel näher steht als die Chron. Sial. Von einem bessern und genauern Bericht, den diese mit dem Chron. Dan. gegenüber den Ann. Lund. nnd Ry. hätte, kann eigentlich nur für den Kampf zwischen Erich und König Niels die Rede sein, also von 1131—1135. Doch gründet Usinger darauf und auf den Umstand, dass die Nachricht über einen Brückenbau über die Elbe bei Beiden gleich falsch zum Jahre 1211 mitgetheilt wird, die Vermuthung, dass sie einen andern Text der Ann. Lund. maj. als die Ann. Lund. und Ry. vor sich gehabt hätten. Möglich ist dies, aber die Annahme jedenfalls nicht nothwendig, wenn der Verfasser des Anon. Chr. Dan. die Chron. Sial. kannte und benutzte, wie Usinger meint. Wenn er sie für die Jahre nach 1245 ausschrieb, warum sollte er nicht auch für die frühere Zeit Notizen aus ihr herübergenommen haben. Doch sehen wir, wie es sich mit dieser Benutzung im späteren Theil der Chronik verhält. Die Chron. Sial. und die Fortsetzung der Ann. Ry., die dem Anon. Chron. Dan. für den letzten Theil von 1246 bis 1300 als Quelle gedient haben sollen, genügen keineswegs, um dasselbe daraus herzuleiten. Im Gegentheil ist die Annäherung an die Ann. Ry. und Lund., besonders an die Erstern, ebenso gross, ja noch grösser, als die an die Chron. Sial. Mit dieser hat es Nachrichten gemein zu den Jahren 1246, 1247, 1249, 1251, 1252, 1254, 1256, 1258, 1262, 1264, 1266, 1267, 1270, 1271, 1272, 1273, 1277, 1279, 1280, 1282, darunter Einzelne in wörtlicher Uebereinstimmung, wie 1258, 1264, 1266, 1271, wobei jedoch bemerkt werden muss, dass wegen der Kürze der Nachrichten auf wörtliche Uebereinstimmung weder in diesen noch in den folgenden Fällen ein zu grosses Gewicht gelegt werden darf. Für einzelne Notizen, wie Todesnachrichten, Schlachten u. dgl. hat hat sich eine so stereotype Form gebildet, dass Uebereinstimmung manchmal auch ohne irgend welche Beziehung eintritt.

Mit den Ann. Ry. hat unser Chronikon Nachrichten gemeinschaftlich zu den Jahren 1247, 1249, 1250 (Ann. Ry. 1249[1]), 1251, 1254, 1257, 1258, 1259, 1261, 1264, 1266, 1267, 1270 (Ann. Ry. 1272[2]), 1271, 1274, 1276, 1277 (Ann. Ry. 1276[3]), 1279, 1280, 1282, 1283, 1285, 1286, 1287, auch darunter wörtliche Uebereinstimmungen, wie 1264, 1267, 1271. Die Anführung einiger Beispiele mag zur Erläuterung des wechselnden Verhältnisses dienen

---

[1]) Hier irren die Ann. Ry. König Erich starb am 2. Februar 1250, vgl. Lagerbring, Svea Rikes Historia II, 375.

[2]) Auch hier haben Anon. Chron. Dan., Chron. Sial. und dänische Ann. Ry. den lateinischen Ann. Ry. gegenüber Recht, wenn sie den Tod des Schenken Olaf ins Jahr 1270 setzen. Aus einer Notiz des Liber daticus monasterii Sorensis geht deutlich hervor, dass er am 19. Oct. 1270 schon todt war, vgl. Lgb., Scr. rer. Dan. IV, 513 ff.

[3]) Jacobus Erlandi starb am 23. Aug. 1276, vgl. Lgb., Scr. rer. Dan. III, 543 und IV, 53. Ob Trugot noch in demselben Jahre erwählt wurde oder nicht, lässt Suhm, Hist. af Danm. X, 729 unentschieden. Doch behauptet er X, 740, übrigens ohne Angabe der Gründe, dass die Weihe, zu der Trugot nach Rom ging, nicht vor dem 27. Dec. 1277 vollzogen wurde. Der Anon. Nestved., der sich sonst gut unterrichtet zeigt, lässt ihn 1277 von Papst Johannes (XXI) geweiht werden, der vom 13. Sept. 1276 bis 16. Mai 1277 den päpstlichen Stuhl inne hatte.

Ann. Ry.	Chr. Sial.	Anon. Chr. Dan.
1261. bellum fuit Loheths inter regem Ericum, filium Christofori, et Ericum ducem, filium Abel, in vigilia sancti Olavi, et contrita est pars regis, qui ibidem captus est cum matre sua Margareta regina.	1261. captus est Rex cum matre sua supra Loheth.	1261. Bellum fuit Loheth inter Regem et Ducem Ericum.

Hier könnten die Ann. Ry. die Quelle für die beiden Andern gewesen sein.

Ann. Ry.	Chr. Sial.	Anon Chr. Dan.
1262.... regina liberata est.	1262. soluta est Regina.	1262. Margareta Regina soluta est cum filio suo Erico.[1]

Hier sagt Anon. Chron. Dan. trotz seiner gewöhnlichen Dürftigkeit am meisten.

1251. Frethericus imperator obiit. Obiit comes Nicolaus. Lodewicus rex Franciae captus est etc.	1251. Comes Nicolaus, et Frethericus quondam Imperator et Gunnerus Episcopus Wibergensis obierunt.	1251. Obiit Fridericus Imperator et Comes Nicolaus.

Das „quondam" der Chron. Sial. wird wohl der gemeinschaftlichen Quelle zu vindiciren sein, denn es findet sich in einem Werke wieder, das zu der Chron. Sial. keine directe Beziehung hat, der Chronol. rer. memor.[2]. Auch das Allen gemeinschaftliche falsche Jahr 1251 für den Tod Friedrichs deutet auf eine gemeinschaftliche Quelle hin; denn in der Chronol. rer. memor. und in dem Chron. Dan. ap. Lgb. II, 433 wird Friedrichs Tod ebenfalls unter dieses Jahr gesetzt.

---

[1] Diese Nachricht ist nur bedingt wahr. Allerdings wurde König Erich mit seiner Mutter zugleich aus der Gefangenschaft erlöst, in die er durch die Schlacht auf der Loheide gerathen war, aber er tauschte nur eine Haft mit der andern. Aus den Händen Herzog Erichs von Süd-Jütland ging er in die des Markgrafen Johann von Brandenburg als Geissel über. So kann denn das Chronikon zum Jahre 1264 noch einmal berichten: Rex venit de captivitate.

[2] Merkwürdigerweise gebraucht auch Albert von Stade das Wort zum Jahre 1248, s. Mon. Germ. Hist. XVI, 372.

Schon oben¹) wiesen wir darauf hin, dass auch mit den dänischen Ann. Ry. unser Chronikon Nachrichten übereinstimmend hat; sie finden sich zu den Jahren 1262—1264, 1266—1270, 1272, 1276, 1277, 1280, 1283, 1285, 1286, 1292, 1293—97, 1300, sämmtlich in ziemlich gleicher Fassung, die Nachrichten von 1264, 1266, 1270²), 1292, 1293 in wortgetreuer Uebersetzung. Vorzüglich die Nachrichten von 1292 bis 1300 stimmen fast sämmtlich mit den dänischen Ann. Ry., und das ist es gewesen, was Usinger veranlasst hat, als dritte Quelle für unser Chronikon die Fortsetzung der Ann. Ry. zu bezeichnen. Doch in diesem Falle würden immer noch zwei Nachrichten für andere Quellen übrig bleiben, von denen die eine zum Jahr 1289 auf die Ann. Lund., die andere zum Jahre 1299 auf das Chron. Danorum ap. Lgb. II, 169 zurückzuführen wäre, und ausserdem noch eine dritte dem Anon. Chron. Dan. eigenthümliche Nachricht zum Jahre 1298. Ueberhaupt könnte man die Mittheilungen unseres Chronikon von 1289—1300 ebensogut aus dem erwähnten Chronikon ap. Lgb. II, 169, für das Usinger³) eine gemeinschaftliche Quelle mit der Fortsetzung der Ann. Ry. nachweist, als aus diesen herleiten, denn dabei würde auch ausser 1289 und 1298 nur das Jahr 1297 als Rest bleiben, dessen Notiz dem Chronikon ap. Lgb. II, 169 fehlt, während die dänischen Ann. Ry. und die Lund. dieselbe zum Jahre 1295, der Anon. Nestved. zum Jahre 1294 resp. 1297 berichten.⁴) Doch erhebt sich gegen eine solche Herleitung ein grosses Bedenken. Jenes Chronikon ap. Lgb. II, 169 ist nämlich höchst wahrscheinlich jüngeren Ursprungs als Anon. Chron. Dan., welches schon von den Annales Danici Sorani benutzt wurde.⁵) Man sieht daraus, dass in Fällen, in denen man es mit einer

---

¹) S. 8.
²) Nur die dänischen Ann. Ry. und Anon. Chron. Dan. haben diese Nachrichten mit dem Zusatze: „Olavi filius" resp. „Olof Skanksøn."
³) a. a. O., S. 83.
⁴) Das Jahr 1296 ist das richtige für die erste Anwesenheit des Legaten Isarnus in Dänemark, die zweite fällt in das Jahr 1298. Vgl. Suhm, Hist. af Danm. XI, 229 und 293.
⁵) Vgl. darüber Usinger, a. a. O., S. 95.

so dürftigen Aufzeichnung wie unser Chronikon ist, zu thun hat, kein allzugrosses Gewicht darauf gelegt werden darf, wenn dasselbe sich aus einem reichhaltigern Werke ganz oder fast ganz herleiten lässt. Und so glaube ich denn auch nicht, dass der Anonymus für die letzten 12 Jahre die Fortsetzung der Ann. Ry. ausgezogen und diesen Auszug durch einige Notizen aus andern Quellen und einen selbständigen Zusatz vermehrt hat; er hat vielmehr aus derselben Quelle geschöpft, der alle jene Aufzeichnungen entflossen sind. Und dieser Ansicht neigt sich auch Usinger zu, wenn er, allerdings nicht im Einklang mit frühern Bemerkungen[1]), sagt: „Und dies", nämlich jenes verloren gegangene, für die Jahre 1289—1314 von ihm nachgewiesene Werk, „wird dann auch wohl bei der Anfertigung der Chronologia Nestvedensis und des Chronikon ap. Lgb. IV, 225 benutzt worden sein."

In Betreff des Verhältnisses zu den Ann. Lund. muss ich noch hinzufügen, dass auch sie zahlreiche Nachrichten mit Ann. Chron. Dan. gemein haben, so zu den Jahren 1247, 1249, 1259, 1263 (Ann. Lund. der Erfurter Handschrift), 1264 (Ann. Lund. bei Langebek), 1266 (beide Ann. Lund.), 1274, 1279, 1280, 1282, 1283, 1285, 1286, 1288, 1289, 1294 bis 1296, 1299, 1300.

Diese Angaben werden genügen, um zu zeigen, dass für die Zeit nach 1245 die Chron. Sial. in keiner nähern Beziehung zu dem Anon. Chron. Dan. steht, als die übrigen Glieder der von den Ann. Lund. abhängigen Quellengruppe. Das Verhältniss, welches vor 1245 bestand, dauert einfach fort. Man braucht Ann. Lund., Ann. Ry. mit den beiden selbständigen Fortsetzungen, die Chron. Sial., das Chronicon ap. Lgb. II, 169 u. s. w., um die Nachrichten unseres dürftigen Chronikon herzuleiten, und behält dann doch noch einen Rest, denn die Jahre 1246, 1259, 1260, 1262, 1263, 1274, 1279, 1298 enthalten kleine Zusätze, die sich sonst nirgends wiederfinden und zwar richtige Zusätze. Gerade der Umstand, dass ein so dürftiges Chronikon seine Nach-

---

[1]) a. a. O., S. 84.

richten aus einem halb Dutzend oder mehr Werken compilirt haben sollte, war es hauptsächlich, der Usinger[1]) zu der Annahme einer verlornen gemeinschaftlichen Quelle führte, und die unveränderte Fortdauer dieses Verhältnisses auch nach 1245 veranlasst mich, dieselbe über dieses Jahr hinaus auszudehnen.

4. Anonymi Nestvedensis Chronologia Danica, a. a. 821 usq. a. a. 1300.

Sie ist auch nach einer Abschrift des Arnas Magnaeus von Langebek herausgegeben[2]). Das Original hatte dasselbe Schicksal wie die Handschriften der Chron. Sial. und des soeben besprochenen Chron. Dan. Auf dem Hamburger Archiv befindet sich ebenfalls eine Abschrift, deren Collation Lappenberg giebt[3]).

Diese Chronologia steht bis zur Mitte des 13. Jahrhunderts den uns erhaltenen Ann. Lund. so nahe, dass man geneigt sein könnte, sie als einen Auszug aus diesen anzusehen, wenn nicht einige wörtlich in den Ann. Ry. vorkommende Nachrichten (1196, 1231) und eine Anzahl selbständiger Mittheilungen dies unwahrscheinlich machten. Die Letzteren, allerdings zum Theil aus den Ann. Ry. erklärbar, finden sich in dem Zeitraum vor 1246 zu den Jahren 1200, 1203, 1206, 1208, 1223, 1224, 1227, 1228, 1231, 1233, 1238, 1241. Dazu kommt, dass nach der Mitte des 13. Jahrhunderts die Uebereinstimmung mit den Ann. Lund. mehr und mehr aufhört und dafür eine Annäherung an die übrigen Glieder unserer Quellengruppe, die Ann. Ry. in beiden Redactionen, die Chron. Sial., das Anon. Chron. Dan. und die Chronol. rer. memor. eintritt. Mit den Ann. Lund. stimmen noch mehr oder weniger überein Nachrichten zu den Jahren 1246, 1247, 1252, 1253, 1259, 1262, 1274—1276, 1279, 1282, 1286, 1288, 1289, 1290, 1294 mit Ann. Lund. 1294 und 1295, 1296 und ausserdem noch 1252, 1257, 1259 mit den Ann.

---

[1]) a. a. O., S. 28.   [2]) Scr. rer. Dan. I, 368—372.
[3]) Archiv für Staats- und Kirchengeschichte der Herzogthümer Schleswig, Holstein, Lauenburg II, 191 ff.

Lund., wie sie bei Ludewig[1]) gedruckt sind. Mehr als die Hälfte dieser Nachrichten findet sich jedoch in nicht geringerer Aehnlichkeit auch in den oben genannten Aufzeichnungen. Von denjenigen Nachrichten, welche die Ann. Lund. nicht haben, finden wir manche in den Ann. Ry. zu den Jahren 1248 (Anon. Nestved. 1249), 1250, 1251, 1254, 1259, 1261, 1272, 1285, darunter einige, die nur in den Ann. Ry. und unserem Anonymus überliefert sind, z. B.

Ann. Ry.	Anon. Nestv.
1250. Waldemarus filius ducis Abel, a scolis Parisiis domum pergens, captus est per milites domini episcopi Coloniensis.	1250. Captus est Waldemarus filius Abel ab Archiepiscopo Coloniensi.[2])

Mit der Chron. Sial. hat der Anonymus ausser den auch in den Ann. Lund. vorkommenden Nachrichten noch zu den Jahren 1249, 1251, 1254, 1256, 1261, 1272, 1273 Notizen gemeinsam, mit dem Anon. Chron. Dan. 1250, 1251, 1256, 1261, 1273, darunter ist die Mittheilung zum Jahre 1250: „Olaus Pincerna obiit" nur in diesem und dem Anon. Nestved. erhalten. Manche von diesen Nachrichten zeigen eine auffallende Aehnlichkeit, so z. B. zum Jahre 1273

Chr. Sial.	Anon. Chr. Dan.	Chronol. rer. mem.	Anon. Nestv.
Rex duxit Agnetem filiam Marchionis.	Ericus Rex duxit Agnetem filiam Marchionis.	Ericus Rex duxit Reginam Agnetam.	Ericus Rex duxit filiam Marchionis.

---

[1]) Reliquiae manuscriptorum IX, 81. Die Jahre 1252—1259 sind dort mit Verletzung der chronologischen Ordnung zwischen die Nachrichten der Jahre 1259 und 1261 eingeschoben, etwas ausführlicher als beim Anon. Nestv., doch ohne Zweifel derselben Quelle entnommen. In andern dänischen Quellen finden sich diese Nachrichten entweder gar nicht oder in anderer Fassung. Sollte uns hier ein Bruchstück einer anderen verlornen Aufzeichnung vorliegen, oder haben wir es auch hier mit einem Theil der auch sonst benutzten gemeinschaftlichen Quelle zu thun?

[2]) Etwas abweichend erzählt dies auch Albert von Stade und aus ihm die Annales Hamburgenses mit einem Zusatz, der dann in den Detmar übergegangen ist, vgl. Mon. Germ. Hist. XVI, 373 und 383 und Grautoff, Lübeckische Chroniken in niederdeutscher Sprache I, 129.

Die Uebereinstimmung mit den dänischen Ann. Ry. zeigt sich besonders von 1289 an. Usinger erwähnt dieselbe zwei Mal[1]). An der ersten Stelle zieht er den Schluss, dass der Anon. Nestved. seine Nachrichten aus der Vorlage der dänischen Ann. Ry. genommen habe, an der zweiten, dass die für die dänischen Ann. Ry. und das Chronicon ap. Lgb. II, 169 nachgewiesene gemeinschaftliche Quelle „auch bei Anfertigung der Chronologia Nestvedensis benutzt worden sei." Eins ist nur nöthig anzunehmen, und ich glaube, das Letztere ist das allein Richtige. Man vergleiche die Nachrichten zum Jahre 1290. Ich ziehe, um später einer Wiederholung überhoben zu sein, zugleich das Chronicon ap. Lgb. II, 189 und die Ann. Lund. heran, auf deren Verhältniss zu dieser Gruppe ich noch zurückkommen werde.

Däs. Ann. Ry.	Anon. Nestv.	Chron. Danor. ap. Lgb. II, 169.	Ann. Lund.
Biscob Inguær af Roskild døthæ, oc Johannes Krag kom æfther hannum. Item Alff Ælling (søn), thæn maktu siorswere, word fangin i Skanæ, oc stæild weth Helsingburg.	Ingvarus Episcopus obiit. Cui successit Johannes dictus Crakæ. Alverus pyrata captus est, et rota fractus apud Helsingæburgh.	Ingvarus Episcopus Roschildensis obiit. Cui successit Johannes dictus Kraac Decanus Roschildensis. Alverus, famosus pyrata Noricus, captus in Scania, rotae fractus apud Helsingæburgh, astipulante Regis Dapifero.	.... Ingvarus Episcopus Roskildensis obiit, cui successit Johannes Krak. Alff Ællingesun rotatus est in Helsinburg.

Hier könnte man den Anon. Nestved. aus der Vorlage der dänischen Ann. Ry. und auch aus dem Chronicon Danorum ap. Lgb. II, 169 herleiten. Anders gestaltet sich das Verhältniss zum Jahre 1294:

---

[1]) a. a. O., S. 80 und 84.

Dän. Ann. Ry.	Anon. Nestv.	Chron. Dan. ap. Lgb. II, 169.	Ann. Lund.
Johannes Grand ærkebiscop af Lund word fangin af Christofær kunings brother, oc een kanik met hannum, heet mester Jacop lang. Item Rano Jen søn word stæyld. 1295. Johannes ærkebiscop wndkom løsling af fængsæl.	Johannes Archiepiscopus captus est et cum eo Jacobus Praepositus dictus Lang in annunciatione Dominica et sequenti anno clanculo evasit de turre Syoburgh.	Johannes Grand Archiepiscopus captus est, feria VI ante Dominicam Palmarum et bona Ecclesiæ direpta jussu Regis per fratrem Regis Christoforum. Rano Johannis captus rotae fractus est Ruschildis. 1295....... Johannes Grand evasit de turre Syoburgh nocte proxima post diem Luciae, et ivit etc.	.... Archiepiscopus Johannes Grand et praepositus Jacobus capti fuerunt. 1295. Rano Jonæsun captus fuit et rotatus Roskild. Archiepiscopus clam eva sit de castro Sysburg.

Hier lässt sich, wie man sieht, der Anon. Nestved. nicht vollständig aus den vorhandenen Quellen erklären.[1] Man vergleiche ferner die Jahre 1292, 1293, 1296, 1297.

[1]) Auffallend ist die Verschiedenheit der Zeitbestimmungen. Der Anon. Nestved. giebt den 25. März, das Chron. ap. Lgb. II, 169 den 9. April. Für das Jahr 1295 fallen die beiden Angaben, annunciatio dominica und VI feria ante dominicam palmarum, auf denselben Tag, den 25. März. Sollte Johannes Grands Gefangennahme etwa erst in diesem Jahre stattgefunden haben? Die Annales Danici ap. Lgb. V, 528 setzen sie von der Vermählung Gerhards von Holstein (1293) angerechnet in das dritte Jahr, also 1295. Aber dagegen spricht allerdings wieder Johannes Grands eigene Aussage, dass er fere per biennium detentus gewesen sei (Lgb., Scr. rer. Dan. VI, 279), verbunden mit der Angabe des Chronicon ap. Lgb. II, 169, das ihn in der Nacht vom 13. zum 14. December 1295 befreit werden lässt. Auch setzen ja alle übrigen Chroniken und Annalen die Gefangennahme 1294, die Befreiung 1295. Vgl. darüber Suhm, Hist. af Danm. XI, 156.

Ist nun eine enge Verwandtschaft zwischen Anonym. Nestved. und den dänischen Ann. Ry. nach 1288 unverkennbar, so finden sich doch auch schon vorher mancherlei Uebereinstimmungen, so z. B. 1287

Anon. Nestv.	Dän. Ann. Ry.
Jacobus Comes et Stigotus Marscalcus, cum multis nobilibus Daciae, expulsi sunt.	Item greue Jacop af Halland oc Stigmarsk, mit fler welbyrde mæn, wor utdrefnæ, oc there gotz byhindereth af kunigin.

Zu 1283 haben Beide eine Nachricht über den Einsturz des Thurmes zu Ripen, die sich nur in diesen beiden Quellen findet. Man vergleiche noch das Jahr 1279 und ziehe die Ann. Lund. heran, auf deren Uebereinstimmung mit den dänischen Ann. Ry. an dieser Stelle ich schon früher[1]) hingewiesen habe. Eine kurze Notiz in der Chronol. rer. mem.[2]) abgerechnet, haben nur diese drei Quellen die Nachricht über das Concilium in Veile, und der Anon. Nestved. ist hier ausführlicher als die Andern. Derartige eigenthümliche Zusätze finden sich zu den Jahren nach 1245 häufig, so 1248, 1250, 1252, 1259, 1272, 1274—1277, 1281, 1283, 1284 und ausserdem noch Nachrichten über das Kloster zu den Jahren 1261, 1265, 1271, 1279, 1280, 1294, 1297, 1300. Diese Letzteren können nicht auffallen, desto mehr jene und besonders die zu den Jahren 1274—1277, 1283 und 1284. Die hier mitgetheilten Nachrichten finden sich auch sonst, aber nirgends mit der Genauigkeit, wie im Anonym. Nestved., so z. B. vergleiche man das Jahr 1274 mit den oben[3]) citirten Berichten der beiden Ann. Ry. und der Ann. Lund. Ferner zum Jahre 1277

Anon. Nestv.	Anon. Ry.	Chron. Sial.
Obiit Petrus Roskildensis, dictus Bang, in vigilia Beati Johannis Baptistae, cui successit Stigotus.	Obiit Petrus Episcopus Roskildensis. Et Stigotus eligitur.	Petrus Roskildensis Episcopus obiit, cui successit Stigotus.

---

[1]) S. 8. [2]) Lgb., Scr. rer. Dan. II, 527. [3]) S. 7.

Aus den mannichfachen und wechselnden Beziehungen, in denen der Anon. Nestved. nach der Mitte des 13. Jahrhunderts zu den Ann. Lund., zu beiden Redactionen der Ann. Ry., zur Chron. Sial., zum Anon. Chron. Dan., für die Zeit nach 1288 auch zum Chron. ap. Lgb. II, 169 steht, glaube ich den Schluss machen zu dürfen, dass auch hier von allen genannten Werken eine gemeinschaftliche Quelle benutzt wurde. Dass die grosse Aehnlichkeit, welche vor jenem Zeitpunkte zwischen dem Anon. Nestved. und den Ann. Lund. vorhanden war, sich später zu verlieren scheint, erklärt sich mir daraus, dass, wie sich noch zeigen wird, die Ann. Lund. nach 1245 nicht wie vorher die gemeinschaftliche Quelle am treusten bewahrten.

Woher der Anon. Nestved. jene genaueren Angaben nahm, die er zu auch sonst mitgetheilten Nachrichten bringt, ob dieselben in der gemeinschaftlichen Quelle standen, oder dem Verfasser aus irgend einer andern Quelle zuflossen, lässt sich mit Gewissheit nicht entscheiden. Doch möchte ich lieber das Erstere annehmen, denn man sieht sonst nicht, woher der Verfasser z. B. jene genauen Daten nahm, die seine werthvollsten Zusätze sind, wenn man nicht etwa noch eine andere verlorene Quelle setzen will. Dieselben aus zeitgenössischer Aufzeichnung der Chronol. Nestved. zu erklären, halte ich selbst für die verhältnissmässig selbständigsten Jahre von 1272—1284 (später kann davon nicht die Rede sein) für unzulässig, da selbst für diese Jahre die Uebereinstimmung mit den Ann. Lund. z. B. immer noch grösser ist, als die zwischen diesen und den Ann. Ry. in mancher gleich langen Periode vor 1246. Dazu kommt nun noch, dass eine der Nachrichten aus dieser Zeit sich in eigenthümlicher Uebereinstimmung in einem Chronikon wiederfindet, das sonst nicht die geringste Beziehung zum Anon. Nestved. hat. Es ist das Chronikon breve Danicum ap. Lgb. VI, 253, von dem ich später noch sprechen werde. Man vergleiche

Anon. Nestv.	Chron. br. Dan.
1275. Bellum fuit in Suecia apud Hova inter Danos et Suecos et Dani habuerunt victoriam.	1275. bellum fuit in Suecia apud Hofvae et Dani habuerunt victoriam.

Die Annalen, welche, ein Auszug der Ann. Lund. maj., nach Lappenberg[1]) und Usinger[2]) dem Anon. Nestved. zu Grunde liegen, haben in Nestved wohl nur die Localnachrichten in sich aufgenommen. Zu derselben Ansicht kommt auch Lappenberg durch Vergleichung der Hamburger Abschrift mit der Ausgabe bei Langebek, da in jener eine Reihe von Localnotizen, welche diese hat, fehlen.

So zeigt sich die wechselndste Uebereinstimmung der Ann. Ry., der Chron. Sial., des Anon. Chron. Dan., des Anon. Nestved. unter einander und wieder mit den Ann. Lund. und andern Quellen, wie vor 1246, so auch nach diesem Jahre. Keine lässt sich aus zwei oder drei Andern erklären, Jede scheint alle ihre Genossen benutzt zu haben. Es hiesse auf den einmal verlassenen Standpunkt zurückkehren, wollte man eine gemeinschaftliche Quelle läugnen. Was Usinger veranlast hat, dieselbe mit dem Jahre 1245 abzubrechen, waren die Ann. Lund. Betrachten wir dieselben darauf hin etwas näher.

5. Die Annales Lundenses.

Sie sind herausgegeben in der bis 1265[3]) reichenden Redaction von Waitz[4]) nach einer von ihm 1841 auf der Erfurter Stadtbibliothek gefundenen Handschrift des 13. Jahrhunderts, mit der Fortsetzung bis 1307 von Langebek[5]) nach einer Kopenhagener Handschrift des 14. Jahrhunderts. Eine frühere Ausgabe ist die von Ludewig[6]) nach einer

---

[1]) Schlesw.-Holst.-Lauenbg. Archiv II, 194.   [2]) a. a. O., S. 79.

[3]) Eigentlich bis 1266 resp. 1267. Der Schreiber hat die beiden letzten Jahreszahlen offenbar weggelassen, 1266 und 1267. Doch gehören beide Nachrichten ins Jahr 1266, denn am 21. Oct. dieses Jahres starb Herzog Birger (vgl. Lagerbring, Svea Rikes Hist. II, 510 und Fant, Scriptores rer. Suecicarum I, 86).

[4]) Nordalbing. Studien V, 7—55.   [5]) Scr. rer. Dan. I, 214—250.

[6]) Reliquiae manuscriptorum IX, 1—39. Diese verdient jedoch kaum eine Ausgabe der Ann. Lund. genannt zu werden; sie ist nur ein Auszug aus denselben und zwar aus der Handschrift, die bei Langebek gedruckt ist. Weggelassen sind alle Nachrichten über die Päpste, über Frankreich, das heilige Land und solche aus Deutschland und England,

Hamburger Handschrift, von der jetzt nur noch eine Abschrift vorhanden ist.[1])

Usinger sagt[2]) „dass die Ann. Lund. von da an, wo die Auszüge aus Adam von Bremen aufhören, bis etwa zur welche nicht unmittelbar dänische Verhältnisse berühren. Es fehlen die Nachrichten zu den Jahren 778—801, 811—820, 823, 832—35, 842--55, 946—977, 1042, 1045, 1054—1061, 1075—1078, 1097—1101, 1104—1131, 1145, 1146, 1148, 1153, 1159, 1161, 1167, 1180—1188 (für diese sind die Worte: „Jam multa dicebantur de Absalone et Waldemaro, quae alias habui in aliis libris, et de Rege Waldemaro etiam multum" eingeschoben) 1194— 1197, 1202, 1207, 1215, 1217, 1219, 1221, 1222, 1224, 1228—1230, 1233, 1237, 1239, 1242, 1244, 1246, 1253, 1256, 1268, 1271, 1272, 1291. Zusätze zu der Langebekschen Ausgabe sind dagegen nur vorhanden zu den Jahren 1252, 1257, 1258, 1259; sie sind zwischen die Jahre 1259 und 1261 eingeschoben und finden sich sämmtlich beim Anon. Nestved. und zwar nur hier wieder, die beiden letzten fast wörtlich übereinstimmend, die beiden ersten jedoch ohne die Zusätze bei Ludewig, die eine Herleitung aus dem Anonymus Nestvedensis nicht zulassen. Usingers Ansicht, dass alle drei Texte unabhängig von einander sind und wahrscheinlich auf einem vierten beruhen, kann ich nicht für richtig halten. Die Unterschiede zwischen dem Langebekschen und Waitzschen Texte sind sehr gering: die bedeutendsten finden sich zu den Jahren 1263 und 1265. Auf diese werde ich zurückkommen; sie lassen sich anders erklären. Der Ludewigsche Text ist aber Nichts als ein Auszug aus dem Langebekschen und zwar ist er an manchen Stellen sehr fehlerhafter. Schon diese letztere Eigenschaft macht bedenklich gegen die Ansicht von Jørgensen (Bidrag til Nordens Historie i Middelalderen, p. 217), dass der Ludewigsche Text selbständig existirt habe und in den Waitzschen und Langebekschen hineingearbeitet sei. In diesem Falle würde man sich die Entstehung des letztern nur so denken können, dass er erst dem Waitzschen Text gefolgt wäre, der schon den Ludewigschen, natürlich damals nur bis 1264 reichenden in sich aufgenommen hatte, dann aber dem inzwischen bis 1307 fortgesetzten Ludewigschen Text, in den dann, wie früher mit dem Waitzschen geschehen, einzelne Nachrichten, die Fremde betreffend, hineingearbeitet worden wären. Daneben müssten alle Texte die Ann. Lund. maj. benutzt haben. Man sieht, das Verhältniss würde so verwickelt werden, dass der einzige Grund für eine solche Annahme, das Fehlen der fremden Nachrichten, nicht ausreicht, dieselbe hinreichend zu motiviren.

[1]) Vergl. Lappenberg im Schlesw.-Holst.-Lauenbg. Archiv II, 210.
[2]) a. a. O, S. 33.

Mitte des 13. Jahrhunderts sehr dürftig sind, dann aber in ihren verschiedenen Fortsetzungen eine viel grössere Vollständigkeit darbieten." Der Grund dieser grössern Vollständigkeit liegt in der Abfassung durch Zeitgenossen, die aber eben als Zeitgenossen sich mehr oder weniger unabhängig von vorliegenden Quellen halten. konnten. Daher denn die Erscheinung, dass nach dem genannten Zeitpunkt die Ann. Lund. mehr von den übrigen Gliedern der aus den Ann. Lund. maj. schöpfenden Quellengruppe abweichen, als vorher. Dazu kommen noch zwei andere Punkte, die nicht ausser Acht zu lassen sind. Einmal erweckt der Name Ann. Lund. maj. für dies gemeinschaftlich benutzte Werk leicht die Vorstellung, als müssten die Ann. Lund. auch durchweg dasselbe am treusten bewahrt haben, ihm am nächsten stehen. Das ist aber nur für die frühere Zeit der Fall. Schon für das 12. Jahrhundert stehen die Ann. Lund. bisweilen den übrigen Quellen an Ausführlichkeit und Genauigkeit der Nachrichten nach, Regel aber wird dies mit dem Anfange des 13. Jahrhunderts. Die erste Hälfte der Regierung Waldemars II. ist im Chr. Dan. ap. Lgb. III, 260, in den Ann. Ry., ja selbst in dem sonst dürftigen Anon. Chron. Dan. ap. Lgb. IV, 225 weit besser behandelt als in den Ann. Lund. Zum andern ist zu bemerken, dass gerade nach dem Schlussjahr des genannten Chron. Dan. ap. Lgb. III, 260 (1219), mit dem, wie noch zu besprechen sein wird, höchst wahrscheinlich die erste Redaction der Ann. Lund. maj. schloss, diejenigen Nachrichten in den uns erhaltenen Aufzeichnungen, die wir der gemeinschaftlichen Quelle vindiciren müssen, durchgehends ziemlich kurz sind,· höchst wahrscheinlich also der Fortsetzer nicht in der alten Weise fortarbeitete, was jedoch nicht ausschliesst, dass er einzelne Punkte, die ihm wichtiger erschienen oder für die er bessere Quellen besass, genauer behandelte. Von dieser an sich schon nicht allzu reichen Vorlage hat nun der Autor unserer Ann. Lund. für die letzten 20 Jahre einen noch spärlichern Gebrauch gemacht, als er dies schon für einzelne frühere Perioden gethan hat, und so scheint denn die von den übrigen Annalen und Chroniken benutzte gemeinsame

Quelle hier ganz zu verschwinden. Doch finden sich trotzdem noch Nachrichten, welche die Benutzung derselben erkennen lassen. Auch Lappenberg lässt in seinen Noten zu der Ausgabe der Ann. Ry.¹) die Uebereinstimmung der Ann. Lund. mit den Ry. weiter gehen als bis 1245 und ebenso Waitz²), bis zum Ende des Textes der Erfurter Handschrift. Usinger sucht dies zu widerlegen³). Zunächst muss gegen den Letzteren bemerkt werden, dass die Nachrichten vor 1246, selbst wo sie denselben Gegenstand betreffen, keineswegs so „durchaus wörtlich" übereinstimmen, wie Usinger behauptet, abgesehen davon, dass Beide oft mehrere Jahre hindurch in ihren Nachrichten völlig auseinandergehen. Man vergleiche z. B.

Ann. Lund.	Ann. Ry.
1258........ Illuc (sc. Iutiam) eum (sc. Waldemarum) armata manu Swen persequens agressusque, in bello victus eodem anno in Grathaehet fugit in Grathæmosæ, et ibi interfectus est, et Waldemarus totum regnum obtinuit et regnavit etc.	1257⁴) convenerunt Sven et Waldemarus reges in campo, qui Grathaehaethor dicitur, in proelio, in quo Suen occisus est et sepultus in capella Grathae. Et Waldemarus obtinuit monarchiam totius Daciae.

ferner

1292. Episcopus Waldemarus sibi doli conscius, nemine fugante, ad regem Swecie fugam tenuit, et bellum in pace exercens, armata manu rediit (1193) sequenti anno, regisque nomen sibi usurpavit; et prout	1192. Waldemarus Episcopus, nullo cogente, regi se opponens, ivit in Norwegiam. Indeque rediens cum 35 longis navibus captus est et in turri Syelborg⁵) positus, ubi sedit 14 annis.

ratio postulavit, digno victoria victore existente, a rege Kanuto est captus 8. Idus Julii.

Man vergleiche dann auch vorzugsweise die Jahre 1104 der Ann. Lund. mit 1103 der Ann. Ry., 1131—1135 mit 1130, 1139, 1143, 1152, 1163, 1165, 1194, 1208, 1210, 1218, 1219,

---

¹) Mon. Germ. Hist. XVI, 408 ff.   ²) Nordalbing. Studien V, 5.
³) a. a. O., S. 76 ff.
⁴) Die Ann. Ry. haben das richtige Jahr, vgl. Dahlmann, Geschichte Dänemarks I, 274 ff.
⁵) Sysburg richtig bei Lgb., Scr. rer. Dan. I, 164.

1220, 1245, dann die zusammenhängenden Jahre 1155—1159 1200—1204, 1215—1217; genau wörtliche Uebereinstimmungen finden sich ziemlich wenige.

Unter diesen Umständen dürfen wir uns nicht wundern, wenn unter den selbständigen Berichten eines Zeitgenossen die ohnehin dürftige gemeinschaftliche Quelle so zurücktritt, dass sie ganz zu verschwinden scheint. Doch ist für die zwei nächsten Jahre 1246 und 1247 dieselbe noch klar zu erkennen. Die erste Nachricht zu 1246, der Tod des Jacobus, Suno's Sohn, findet sich in fünf von den aus den Ann. Lund. maj. schöpfenden Chroniken und zwar fast mit denselben Worten; nur Anon. Chron. Dan. hat sie nicht. Die Uebereinstimmung der zweiten Nachricht zu diesem Jahre mit jener der Ann. Ry. will ich allerdings nicht mit Lappenberg vertheidigen, aber die Verschiedenheit ist nicht der Art, dass man vor 1245 vergeblich nach Seitenstücken zu suchen brauchte, hier aber um so erklärlicher, als beide Verfasser den Ereignissen zeitlich nahe standen. Die Nachrichten zu 1247 will ich citiren. Sie sind nicht so übereinstimmend wie jene erste von 1246, geben aber einige Belehrung über das Verhältniss der einzelnen Quellen.

Ann. Lund.	Ann. Ry.	Chr. Sial.	Anon. Chron. Dan.	Anon. Nestv.
1247. Claustrum de Sora cum monasterio totaliter concrematur, et capta est Ripis a Duce Abel cum melioribus Dacie, et iterum revicta a rege Erico.	1247. Soræ et Colbas igne perierunt. Othania a Teutonicis incensa est. Rex Ericus opidum Swineborg etc.	1247. Claustrum Sora combustum est.	1247. monasterium de Sora fere totaliter incendio devastatum est.	1247. Ripa capta est a Duce Abel, et iterum reddita Regi Erico. Sora combusta est.

Hier scheinen mir die Ann. Lund. der gemeinsamen Quelle nach früherer Weise am nächsten zu stehen, die Ann. Ry. sich am freiesten zu bewegen. Man könnte, abgesehen von den Nachrichten der Letzteren, alle andern aus den Ann. Lund. herleiten.

Von 1248 an steigt allerdings die Selbständigkeit der Ann. Lund. Hier finden sich eigenthümliche Nachrichten, die uns sonst nirgends erhalten sind, zu den Jahren 1248, 1249, 1251, 1256, 1261, 1262, 1263, andere, die wir auch aus andern Quellen kennen, sind mit eigenthümlichen Zusätzen versehen, so besonders der Tod Erichs, 1250. Doch fehlt es auch für diese Zeit nicht an Hindeutungen auf eine gemeinschaftliche Quelle, so z. B.

Ann. Ld.	Ann. Ry.	Chr. Sial.	Chronol.	Anon. Chr.	Anon. Nestv.
1249. obiit pie memorie Episcopus Nicholaus Roskildensis in Claravalle.	1248. Nicolaus Episcopus Roskildensis obiit in Claravalle.	1249. Obiit Episcopus Nicolaus apud Claramvallam.	rer. mem. 1249. Obiit Nicolaus Episcopus Roskildensis.	Dan. 1249. obiit Nicolaus Episcopus in Claravalle.	1249. Obiit Episcopus Nicolaus.

Man vergleiche das Jahr 1252 (hier ist auch die Chronica Episcoporum Lundensium heranzuziehen[1]) und den Bericht über die Schlacht auf der Loheide, 1261. Ich habe oben[2]) diese Stelle aus den Ann. Ry., der Chron. Sial. und dem Ann. Chron. Dan. citirt; hier füge ich die Ann. Lund., die Chronol. rer. memor., den Anon. Nestved. und das Chron. Dan. ap. Lgb. II, 433 hinzu.

Ann. Lund.	Chronol. rer. mem.	Anon. Nestv.	Chr. Dan. ap. Lgb. II, 433.
captus est rex Ericus et mater sua regina Margareta in Loheth, et meliores regni Dacie interfecti et quidam capti, et episcopus Slæswicensis captus et carceri mancipatus.	bellum fuit in Lohæthæ in profesto sancti Olavi.	fuit bellum in loco, qui dicitur Loheth.	Bellum fuit Lohet, capti Rex et Regina et multi.

Damit vergleiche man den Bericht, der uns in einer spätern Quelle, doch wahrscheinlich noch des 14. Jahrhunderts, dem sogenannten Compendium des Thomas Geysmer

---

[1]) Lgb., Scr. rer. Dan. VI, 625.   [2]) S. 20.

erhalten ist. Ich citire ihn nach dem Bruchstück, welches bei Lgb., Scr. rer. Dan. V, 614 gedruckt ist, denn dort ist er um eine wichtige Notiz reicher als Lgb. II, 388: factum est bellum in Lohett inter regem et Ducem Ericum, in profesto S. Olavi. Et cecidit nobilitas Danorum ex parte regis propter proditionem Petri Findzön, qui principalis fuit in exercitu regis, captusque est rex cum matre sua regina Margaretha Spereghest, et Nicolaus, Episcopus Sleswicensis, et multi alii, et plures occisi sunt in illo bello. Es ist nicht unmöglich, dass das späteste Werk an dieser Stelle den ursprünglichen Bericht am reinsten erhalten hat. Wie man sieht, lassen sich alle Andern sachlich aus diesem herleiten. Allerdings weichen die Ann. Lund. in der Fassung ab, und ohne die Möglichkeit ganz abweisen zu wollen, möchte ich doch nicht bestimmt behaupten, dass ihr Bericht hier auf dem des Thomas Geysmer oder einem ähnlichen beruht.

Es ist oben[1]) nachgewiesen worden, dass die erste Redaction der Ann. Ry. bis 1261 reichte. Nun sind aber in den Ann. Lund. gerade die nachfolgenden Jahre 1262 und 1263 die selbständigsten von allen; sie enthalten mit einer einzigen Ausnahme kaum einen Anklang an andere Annalen oder Chroniken. Der Verfasser hat sich ganz frei gemacht von den Ann. Lund. maj. Oder sollten diese ihn verlassen haben? Sollte man aus diesem Zusammentreffen schliessen dürfen, dass eine bis 1261 reichende Redaction der Ann. Lund. maj. existirte, welche von der Grundlage der Ann. Ry. und von den ältesten Ann. Lund. benutzt wurde. Allerdings folgen noch einige kurze Notizen, die auch in den übrigen Annalen und Chroniken verbreitet sind, so dass in dem ganzen Zeitraume von 1246—1265 diese letzten Jahre diejenigen sind, die am meisten Aehnlichkeit mit andern Aufzeichnungen haben. Wer diese Notizen niederschrieb, benutzte offenbar die gemeinsame Quelle und war schwerlich der Zeitgenosse, der die selbständigen Berichte der vorhergehenden Jahre lieferte. Es scheint mir wahrscheinlich, dass wir es hier mit Nachträgen zu thun haben, die

---

[1]) S. 6 ff.

einer spätern Redaction der Ann. Lund. maj. entnommen wurden.[1]) Doch wie dem auch sei, jedenfalls sind auch unter den ersten originalen Aufzeichnungen in den Ann. Lund. Notizen aus der Quelle, welche Grundlage für die übrigen Glieder unserer Quellengruppe gewesen ist. Diese Allen oder Einigen aus der Gruppe gemeinschaftlichen Notizen treten nur aus dem angeführten Grunde mehr zurück. Ein ähnliches Verhältniss herrscht auch in der Fortsetzung bis 1307, und zwar sind hier deutlich zwei Abschnitte zu unterscheiden. Von 1266—1287 finden sich fast noch zu jedem Jahre Nachrichten, die mit denen anderer Quellen übereinstimmen. Ich habe bei der Besprechung der Ann. Ry., der Chron. Sial., des Chron. Dan. ap. Lgb. IV, 225 und des Anon. Nestved. die Einzelheiten hervorgehoben und brauche sie hier nicht zum zweiten Male vorzuführen. Dagegen will ich der Zusätze gedenken. Dieselben sind in dem erwähnten Abschnitt noch bedeutend häufiger als selbst in dem von 1246—1265. Man betrachte die Nachrichten zu 1276, 1277, 1278, 1284, 1285 und besonders die lange Erzählung zu 1287, an die sich an keiner andern Stelle auch nur ein Anklang findet. Diese Aufzeichnungen und besonders die letzte können nur von Zeitgenossen herrühren, die den Dingen nahe standen, und so möchte ich denn annehmen, dass ein erster Fortsetzer der Ann. Lund. dieselben zunächst bis 1287 führte, ein zweiter dann weiter bis 1307. Die Richtigkeit dieser Annahme wird noch wahrscheinlicher durch die Beschaffenheit der Aufzeichnungen von 1288—1307. Auffallend ist nämlich, dass mit dem Jahre 1288 auf einmal neben grosser Dürftigkeit der Nachrichten eine Uebereinstimmung mit den dänischen Ann. Ry., dem Anon. Chron. Dan., dem Chronicon ap. Lgb. II, 169 und dem Anon. Nestved., also der ganzen Gruppe, welche, wie schon Usin-

---

[1]) Ziemlich sicher scheint mir, dass wenigstens die beiden letzten Nachrichten, die ohne Jahreszahlen sind, nachgetragen wurden, wenn auch von derselben Hand. Wenigstens ist sehr auffallend, dass gerade bei ihnen die grossen Anfangsbuchstaben, wie sonst überall in dem Erfurter Codex, nicht roth nachgemalt sind.

ger nachgewiesen hat, auf einer Quelle ruht, sich zeigt, wie sie kaum zu irgend einer Zeit vor 1246 grösser war. Zur Beobachtung dieses Verhältnisses vergleiche man die schon bei früherer Gelegenheit[1]) citirten Stellen und ferner die Jahre 1288, 1295, 1296, 1299, 1300, 1302, 1303, 1304. In den spätern Jahren mehren sich wieder die selbständigen Zusätze, so dass die beiden letzten, 1306 und 1307, fast ganz unabhängig dastehen. Es kann, wie man sieht, kein Zweifel obwalten, dass auch die Ann. Lund. aus jener von Usinger für die Jahre 1289—1313 nachgewiesenen gemeinsamen Quelle geschöpft haben.

Dass es auch in den Jahren 1246—1288 nicht an Nachrichten fehlt, die auch für diese Zeit auf eine gemeinsame Grundlage der Ann. Ry. in beiden Redactionen, der Cron. Sial., des Anon. Nestved. und Anon. Chron. Dan. hinweisen, dürfte aus den dargelegten Verhältnissen klar geworden sein. Schwerlich wird sich Jemand zu der Annahme neigen, dass drei der Zeit nach an einander anschliessende Werke existirten, die nach einander Grundlage der dänischen Annalistik wurden. Es war eben ein- und dasselbe Werk, die von Usinger als Ann. Lund. maj. bezeichneten Annalen, die über 1245 hinaus wenigstens bis zum Jahre 1313 reichten, und deren ausführlichere und genauere Nachrichten den Hauptstoff lieferten für die jetzt noch erhaltenen Annalen und Chroniken. Charakter des Werks und Art seiner Benutzung durch die Ableitungen wird noch zu besprechen sein. Zunächst muss in Betreff verschiedener kleinerer Aufzeichnungen Usingers Bemerkungen noch Einiges hinzugefügt werden.

6. Das Chronicon Danorum incerti Auctoris a. a. 936 usq. a. a. 1317 und die Annales Danici a. a. 1101 usq. a. a. 1313.

Ersteres ist herausgegeben von Langebek[1]) nach einer Abschrift, die ebenfalls von einer Abschrift, der des Stephanius, genommen ist. Auch in Hamburg befindet sich eine

---

[1]) S. 25 und 26.   [2]) Scr. rer. Dan, II, 169—175.

Copie, die nach Lappenberg¹) „bis in die willkürlichsten
Eigenheiten der Wortschreibung" mit dem Langebekschen
Abdruck übereinstimmt. Die Annales hat Suhm herausgegeben²) nach einer Abschrift von Arnas Magnaeus. Beide
Codices sind durch den Brand von 1728 verloren gegangen.
Das Chron. Dan. ist ein Auszug aus den Ann. Ry. mit
wenigen Zusätzen. Usinger³) ist „geneigt, anzunehmen",
dass der ursprüngliche Text der dänischen Uebersetzung
von diesem Chronikon benutzt worden sei. Er gründet
diese Annahme da auf, dass ein Zusatz zum Jahre 1206
unserm Chronikon und der dänischen Uebersetzung gemeinsam ist, sich dagegen bei den lateinischen Ann. Ry. nicht
findet.

Chron. Danor.	Lat. Ann. Ry.	Dän. Ann. Ry.
Andreas Archiepiscopus duxit exercitum in Estlandiam cum germanis suis.	...... Andreas Archiepiscopus duxit exercitum in Rivalia.	Andreas erchebiscop oc hans brøthræ førdy stoor hær in til Ræwæl.

Noch besser als mit den dänischen Ann. Ry. stimmt
diese Nachricht des Chronikons mit der Chron. Sial.: „Andreas Archiepiscopus, cum germanis fratribus suis, duxit
exercitum in Estland."

Usinger hätte für seine Ansicht noch eine Stelle anführen können, den Bericht über die Ermordung Erich
Glippings zum Jahre 1286, wo das Chron. Danor. Zusätze
aus den dänischen Ann. Ry. macht:

Chr. Danor.	Dän. Ann. Ry.	Lat. Ann. Ry.
Occisus est Rex Ericus in lecto suo in nocte Sanctae Ceciliae, inflictis sibi vulneribus LVI in Findorp Jutiae juxta Wiburgh qui dicebatur Glepping.	Kuning Eric Cristofersøn word mørd i Findorp hoos Wiburg i Norre Jütland, af thæ han best trodhe, sine hemlighe wene.	Rex Ericus occisus est in lecto, in nocte Sanctæ Caeciliae a suis, quos maxime dilexerat, inflictis sibi vulneribus 56.

Hier möchte es scheinen, als habe der Chronist beide

---

¹) Schlesw.-Holst.-Lauenbg. Archiv II, 199.
²) Lgb., Scr. rer. Dan. IV, 22—26.   ³) a. a. O., S. 84.

Texte der Ann. Ry. vor sich gehabt und compilirt, aber da dieses das einzige Beispiel der Art ist, so scheint es mir viel natürlicher, anzunehmen, der Verfasser habe 1286 gethan, was er nach 1288 stets thut, die gemeinschaftliche Quelle benutzt und dieser die Zusätze entnommen; auch jener mit der Chron. Sial. gemeinsame Zusatz zum Jahre 1206 wird daraus herzuleiten sein.

Denn dass das Chron. Danor. von den uns erhaltenen Texten der Ann. Ry. keinen andern vor sich gehabt hat als den lateinischen, das kann gar nicht mehr zweifelhaft sein, wenn man einen Blick wirft in die Jahre von 1262— 1288, wo dänischer und lateinischer Text so sehr auseinandergehen. Man vergleiche nur die Jahre 1287 und 1288, die in den beiden Fortsetzungen der Ann. Ry. so ganz und gar verschieden sind; das Chron. Danor. stimmt wörtlich mit dem lateinischen Text. Die Uebereinstimmung mit den dänischen Ann. Ry. beginnt erst mit 1289, aber hier kann man nicht sagen, dass das Chronicon ein Auszug aus denselben sei, wie vor 1289 aus den lateinischen Ann. Ry. Es ist vielmehr weit ausführlicher als jene und hat, wie Usinger auch selbst nachweist[1]), von jenen unabhängig eine Beiden gemeinschaftliche Quelle benutzt. Von den charakteristischen Zusätzen der dänischen Ann. Ry. vor 1262 findet sich nur der von Usinger hervorgehobene zum Jahre 1206 im Chron. Danor. wieder, während eine Reihe von Notizen, die den lateinischen Ann. Ry. vor den dänischen eigenthümlich sind, auch im Chronikon vorkommen und unwiderleglich beweisen, dass es die lateinischen Ann. Ry. waren, welche demselben als Grundlage dienten, so zu 1150, 1170, 1194 (Chronikon 1193²), 1201, 1210, 1222.

Wie schon Usinger hervorhebt, macht der Chronist zu dem ihm vorliegenden Text der Ann. Ry. auch Zusätze; die meisten lassen sich auch in andern Annalen und Chroniken nachweisen. Der zum Jahre 1149: „a Svenone „in su-

---

¹) a. a. O., S. 83. ²) Das Chronikon hat zu 1193, was die Ann. Ry. richtig unter 1194 bringen.

larum rege" für a „Suenone rege" der Ann. Ry. ist eigentlich gar kein Zusatz, sondern nur ein Nachtrag aus 1147 der Ann. Ry., wo gesagt wird, dass Schonen mit den grösseren Inseln Sven zum Könige wählte. Jene zu den Jahren 1157 und 1231 sind vom Chronisten an eine ganz falsche Stelle gerückt; sie finden sich in andern Quellen am richtigen Platze wieder, 1177[1]) und 1228. Zu den Uebrigen, die Usinger angiebt, sind noch hinzuzufügen 1223, 1238, 1250, 1253, 1262. Das letzte Jahr ist das interessanteste von allen; es ist aus Ann. Ry. 1259 und 1260, Ann. Lund. 1259 und einer selbständigen Nachricht compilirt und zwar in der buntesten Weise.

Ann. Ry.	Ann. Lund.	Chron. Danorum.
1259. captus est Jacobus Archiepiscopus Lundensis, et carceratus in castro Hakaenscogh. Obiit Christophorus Ripensis...... ..... Comites Halsatiae magnam partem ducatus vastaverunt. Jarmarus princeps Rianorum magnam partem Syallandiae vastavit	1259. captus est Archiepiscopus Jacobus Lundensis in nocte sancte Agathe virginis, in curia Gyslæbyærgh per mandatum regis Christofori Et eodem anno Rex Christoforus mortuus est, et Archiepiscopus exivit de carcere, et bellum Næstwic	1262. captus est Jacobus Archiopiscopus in nocte sanctœ Agathœ in Ecclesia Gislebyergh et incarceratus in castro Hagenscogh. Olaus Episcopus Burglanensis interfectus est in Ecclesia Hwithbyergh juxta Odhensund a Johannes Gloop Milite et suis. Obiit Rex Christoforus Ripis. Et Archiepiscopus exivit de carcere. Comites Holsatiæ Ducatum vastaverunt.

[1]) Wenn man übrigens nicht im Chronikon zum Jahre 1157 mit Langebek abiit statt obiit liest, so ist die ganze Nachricht, abgesehen von der verkehrten Zeitangabe, grundfalsch. Was die Nachricht selbst anbetrifft, so finden sich abweichende Jahreszahlen in den dänischen Quellen: 1177 in den Ann. Lund. und der Chron. Sial., 1178 in den Ann. Ry. Sicher ist, dass Eskil 1177 abdankte, s. Suhm, Hist. af Dann. VII, 484, ob er aber noch in demselben oder erst im folgenden Jahre Dänemark verliess, ist nicht zu bestimmen. Er starb als Mönch in Clairvaux am 6. September 1182, s. Lgb., Scr. rer. Dan. III, 547. Vgl. Suhm, Hist. af Danm. VII, 491.

(Ann. Ry.)	(Chron. Danorum)
1260. Jarmarus fecit stragem magnam rusticorum apud Naestwith............ Dux Ericus, filius Abel regis, receptus est in ducatum.	bellatur Nestwedis. Jarmarus Princeps Ruyanorum magnam partem Sialandiae vastavit et fecit stragem magnam apud Nestwaed. Ericus filius Regis Abel factus est Dux.

Der Chronist merkt nicht, dass er die Schlacht bei Nestved zwei Mal erzählt. Der Tod des Bischofs von Borglum findet sich mit denselben Worten in den Annal. Danici ap. Lgb. IV, 22, die ich gleich besprechen werde, und verkürzt in dem Compendium des Thomas Geysmer[1]), dessen Hauptquelle ebenfalls die Ann. Ry. waren. Von den übrigen Zusätzen haben wir den zum Jahre 1283 in den Ann. Lund., den von 1240 in der Chron. Sial., doch dieser letztere so, dass man deutlich erkennt, Beide haben aus einer gemeinschaftlichen Quelle geschöpft. Den Zusatz zum Jahre 1250 „ad aleas ludentem" hat auch Albert von Stade[2]), aber derselbe ist zu unbedeutend, als dass man daraus auf eine Benutzung schliessen könnte. Sicher scheint es mir nur, dass der Chronist die Ann. Lund., wie sie uns erhalten sind, kannte; die wenigen übrigen Zusätze entlehnte er wahrscheinlich den Ann. Lund. maj.

In engster Beziehung zu diesem Chronikon stehen die Annales Danici ap. Lgb. IV, 22, die Usinger[3]) mit dem Chron. Danor. aus demselben Text der Ann. Ry. herleitet. Doch glaube ich, sie eine Stufe tiefer setzen und als Auszug aus dem Chronikon bezeichnen zu müssen, denn es giebt unter den dänischen Annalen und Chroniken kein zweites Beispiel, dass irgend ein Werk so wortgetreu ausgeschrieben wurde, wie es mit dem Chron. Danor. von Seiten der Ann. Dan. geschehen ist. Während jenes doch noch beim Excerpiren der Ann. Ry. Wortumstellungen, ja Aenderungen der Satzconstruction vornahm, schreibt dieses einfach aus. So sind denn auch eine grosse Menge Fehler in Zeitangaben und Thatsachen mit hinübergegangen und ver-

---

[1]) Lgb., Scr. Rer. Dan. II, 388. und daraus Ann. Hamburg p. 383.
[2]) Mon. Germ. Hist. XVI, 373
[3]) a. a. O., S. 82 und 84.

rathen die Herkunft, darunter besonders ein Theil jener
groben Verschiebung der Jahre, deren sich das Chronicon
zwischen 1262 und 1283 schuldig macht; man vergleiche
nur 1279 und 1283. Ferner finden sich jene Zusätze des
Chronikon zu den Ann. Ry. zum Theil wieder, falsche, wie
1157 und 1231, und richtige, wie 1221, 1238, 1262. Daneben
sind aber dem Verfasser die Ann. Ry. bekannt, denn er
hat ihnen einige wenige Zusätze entnommen, so zu den
Jahren 1223, 1232, 1238 und die Bemerkung nach 1283,
welche sowohl Usinger als Lappenberg verleitete, das Werk
für einen Auszug der Ann. Ry. zu erklären. Ausser den
Jahren 1216, 1263, 1266, 1267, 1268, welche Roskilder
Klosternachrichten bringen, ist noch 1235 von Interesse, wo
der Verfasser auf ein „liber Sancti Kanuti" verweist. Den
Zusatz zum Jahre 1250 über die Begräbnissplätze des er-
mordeten Erich Plogpennig weiss ich nicht herzuleiten. Bei
Albert von Stade findet sich eine ähnliche Mittheilung, die
aber nicht zureicht, diese zu erklären. Zu 1295 haben die
Annalen noch eine Notiz, welche in den dänischen Ann. Ry.,
doch weniger genau, wiederkehrt. Vielleicht war der Verfasser unserer Annalen, der ohne Zweifel dem Roskilder
Clerus angehörte, durch früheren Aufenthalt auch mit Schles-
wiger Verhältnissen bekannt. So erklären sich die Notizen
von 1250 und 1295 am einfachsten. In Jütland waren ja
die Ann. Ry. und ihre Ableitungen besonders verbreitet.

7. Die Zusätze zur Chronica Sialandiae und ihre Fortsetzung bis 1307.

In Betreff der Zusätze, welche der Chronica Danorum
et praecipue Sialandiae in den Ausgaben von Arnas Magnaeus [1]) und Langebek [2]) angehängt sind und theils die Jahre
1028—1282 ergänzen, theils eine Fortsetzung bis 1307 bilden,
glaube ich Usingers Ansicht[3]) berichtigen zu müssen.

Die beiden Herausgeber der Chron. Sial. haben diese
Zusätze der Chronik als Appendix angehängt, ja Langebek

---

[1]) p. 69—78. [2]) Scr. rer. Dan. II, 632—637. [3]) a. a. O., S. 60.

hat sie sogar in der Intimatio seiner Sammlung als selbständige Annalen von 1136—1307 und von 1115—1214 angezeigt[1])

Usinger meint nun offenbar, dass diese Zusätze auch in dem 1728 verbrannten Codex, aus dem Arnas Magnaeus eine Abschrift nahm und veröffentlichte, sämmtlich hinten angehängt waren. Bei Arnas Magnaeus und Langebek findet man sie in folgender Weise:

Ad annum 1136: Ericus primo imposuit terrae denarios aratrales, idcirco a rusticis appellatus est Emun, quasi semper memorabilis [2]).

Ad annum 1156 post haec verba: "adjuvante eum Esberno Snarae" in die Sancti in Severini.

Ad annum 1212 supra vocem Margareta: "Dagmar" etc.

Auf solche Weise machte man im Mittelalter keine Zusätze, meint Usinger; sie gehören einer bedeutend jüngeren Zeit an. Und allerdings hat sie in der Gestalt, wie wir sie jetzt haben, auch kein Anderer als Arnas Magnaeus hervorgebracht. Er leitet sie selbst mit den Worten ein: "Hactenus ipsum Chronicon Sialandiae. Quae sequuntur, variis antiquis manibus ipsi Codici passim adscripta fuerunt, et usque ad annum 1307 continuata." Das "passim adscripta fuerunt" kann doch nichts Anderes heissen, als dass die Zusätze bei den betreffenden Jahren in das Chronikon eingefügt waren und die Jahre nach 1282 natürlich hinten angehängt. Dass diese Auffassung die allein richtige ist, scheint mir auch aus folgender Stelle der Vorrede des Arnas Magnaeus hervorzugehen, die Langebek wieder abgedruckt hat[3]):

"In reliquis manuscriptum Codicem religiose secutus sum, eo tamen excepto, quod ille Annorum Christi numeros a 1028 usque ad 1307 perpetua serie continuatos exhibeat, ego vero in hac mea editione omnes, qui 1282 sequuntur numeros, utpote ab antiquo illo librario nudos relictos,

---

[1]) Vgl. Lgb., Scr. rer. Dan. II. 632, Note b und 636, Note e.

[2]) Diese Nachricht beruht höchst wahrscheinlich auf einer Verwechslung mit Erich Plogpeunig, s. Lgb., Scr. rer. Dan. II, 632, Note c und Ann. Lund. zum Jahre 1249.

[3]) Arnas Magnaeus, S. 4 der Vorrede und Scr. rer. Dan. II, 603.

desecuerim atque ex reliquo ordine illos similiter omiserim, qui vel nudi steterunt, vel ab aliena manu adscripta habuerunt." Jener antiquus librarius kann doch nur der erste Abschreiber gewesen sein (denn dass der Codex das Autographon des Verfassers gewesen, verneint Arnas Magnaeus ganz entschieden), der die ihm vorliegende, bis 1282 mit Notizen und bis 1307 am Rande mit Jahreszahlen (ähnlich der Chronol. rer. memor., die solche leerstehende Jahreszahlen von 1324—1376 hat) versehene Zeittafel abschrieb. Andere, denn nach Arnas Magnaeus sind es ja „variae antiquae manus", kamen dann und fügten zu einzelnen Notizen noch Daten oder einzelne Worte, füllten hier und da eine leergelassene Jahreszahl aus und versahen die Jahre 1282—1307 mit einer Fortsetzung. Ein Zusatz wie zu 1212: supra vocem Margareta: „Dagmar" hätte ja auch gar keinen Sinn, wenn das Wort Dagmar nicht wirklich einmal im Text über dem Worte Margareta gestanden hätte.

Der ersten Reihe von Zusätzen folgt in beiden Ausgaben eine zweite mit der Einleitung: „Huc usque vetusta illa additamenta. Sequuntur pauca alia, ad infrascriptos praesentis Chronici annos similiter in ipso Codice apposita, sed recenti manu." Es sind Zusätze zu 16 verschiedenen Jahren in dem Zeitraume von 1115—1198. Und dann kommen noch zu drei Jahren: 1209, 1210, 1214, Zusätze „alia recenti manu".

Damit fällt der Einwand, den Usinger gegen das Alter dieser Zusätze erhob, wenigstens in Betreff der ersten und wichtigsten Reihe derselben. Der Ausdruck von Arnas Magnaeus „variis antiquis manibus adscripta" verbietet nicht, sie bis in das 14. Jahrhundert hinaufzusetzen, und in ihrem Inhalt widerspricht dem auch Nichts. Die Verse, welche unter dem Jahre 1223 zur Gefangennahme Waldemar's II. durch Heinrich von Schwerin und am Ende des Werks hinzugefügt sind[1]), passen sehr wohl in diese Zeit. Den Chronikenschreibern des 14. Jahrhunderts waren Memorirverse,

---

[1]) Lgb., Scr. rer. Dan. II, 633 nud 603.

wie die Ersteren, sehr geläufig, und jene am Ende der Chronik passen auch besser in ein Kloster des 14. Jahrhunderts hinein, als in das humanistische Zeitalter eines Hamsfort und Johann Svaning.[1]
Gewiss aber sind andererseits jene Zusätze, wenigstens theilweise, nicht vor 1323 geschrieben, denn die Chronol. rer. memor., welche mit diesem Jahre schliesst, ist benutzt. Eine Reihe von Nachrichten dieser finden sich nur in den Zusätzen der Chron. Sial. wieder, und zwar ist die Anzahl derselben so gross, dass man die Chronologia als eine Hauptquelle für die Zusätze betrachten muss. Dahin gehören die Nachrichten zu den Jahren 1224, 1247, 1248, 1270, 1274, 1283, 1288, 1290, 1295, 1301, also die meisten aus der Periode nach 1266, für welche die Chronologia höchst wahrscheinlich als eine zeitgenössische Aufzeichnung angesehen werden muss. Ausserdem finden sich noch viele Mittheilungen, die Beiden gemeinsam sind, aber doch aus andern Quellen hergeleitet sein können.

Ausser mit der Chronologia zeigt sich noch eine auffallende Uebereinstimmung mit dem Chron. Dan. a. a. 1074 usq. a. a. 1219 ap. Lgb. III, 260. Obgleich dieses Chronikon dem Gebiet der Arbeit eigentlich nicht mehr angehört, so muss ich hier doch einige Worte über dasselbe sagen, um sein Verhältniss zu den Zusätzen der Chron. Sial. ins rechte Licht zu stellen.

Usinger kat nachgewiesen[2]), dass dieses Chronikon ein Auszug aus den Ann. Lund. maj. ist und zwar für einen bestimmten Zeitraum, die beiden ersten Jahrzehnte des 13. Jahrhunderts, ein vollständigerer als selbst die Ann. Lund. Die diesem Chronicon eigenthümlichen Nachrichten sind ziemlich bedeutend; sie finden sich zu den Jahren 1187, 1201, 1204, 1205, 1206, 1208, 1209, 1211, 1212, 1213, 1214, 1217, 1218. Usinger erwähnt auch noch das Jahr 1207, aber die erste der beiden Nachrichten, welche dasselbe bringt,

---
[1]) Sie lauten folgendermassen:
    Hanc Chronicam nulli manui liceat replicare,
    Munda satis quae fuerit, penitus quoque sicca,
    Nam manuum sudor libros deturpat et udor.

[2]) a. a. O., S. 33 und 52.

findet sich sowohl im Anon. Chron. Dan. als auch in den Zusätzen zur Chron. Sial., die zweite in letzterer, und zwar beide irrthümlich zum Jahre 1217. Dieser letzte Fall einer Uebereinstimmung unseres Chronikon mit den Zusätzen der Chron. Sial. in Nachrichten, die nur an diesen beiden Stellen erhalten sind, ist nicht der einzige. Ein gleiches Verhältniss zeigen die Jahre 1183, 1185, 1186, 1189, 1190. Auch 1156 wird denselben wohl noch hinzuzufügen sein, doch hat hier der Eintrager der Zusätze seine Vorlage offenbar missverstanden oder sehr flüchtig angesehen. Es wird sich schwerlich mit absoluter Gewissheit entscheiden lassen, ob das Chron. Dan. die Quelle für die Zusätze gewesen, oder ob Beide aus einer gemeinschaftlichen Quelle geschöpft haben. Nimmt man das Erstere an, so würden auch die angeführten Jahre unter die durchaus eigenthümlichen Zusätze des Chron. Dan. zu rechnen sein. Es wirft sich nun die Frage auf, waren diese Zusätze schon in den Ann. Lund. maj. enthalten oder sind sie von dem Verfasser des Chron. Dan., des ersten Auszugs, hinzugesetzt worden? Auch Usinger stellt dieselbe.[1]) Ihm scheint das Letztere das Wahrscheinlichere zu sein. In jenem Falle kann das Chron. Dan. später entstanden sein, als sein Schlussjahr vermuthen lässt, in diesem Falle rührt es gewiss von einem Zeitgenossen her, denn ein grosser Theil der Zusätze sind, wie schon Lappenberg[2]) hervorhebt, der Art, dass sie nur von einem Zeitgenossen niedergeschrieben sein können. Für eine Abfassung des Chronikon durch einen Zeitgenossen und die Einfügung der eigenthümlichen Nachrichten durch ihn scheint besonders die Art zu sprechen, wie die Unternehmung nach Esthland, 1219, mitgetheilt wird: „Edicta est expeditio super paganos ad Estoniam". Sie scheint zu der Annahme zu berechtigen, dass dieser Auszug angefertigt wurde, als die Expedition schon angeordnet, aber noch nicht ausgeführt war. Aber sie scheint auch nur, denn im Anon. Chron. Dan., das einer viel spätern Zeit angehört, findet sich derselbe Ausdruck wieder. Dieses Chron. ist aber ein Auszug der Ann.

---

[1]) a. a. O., S. 34.   [2]) Mon. Germ. Hist. XVI, 390.

Lund. maj.¹), das edicta oder indicta, wie es hier heisst, muss also wohl schon in diesen gestanden haben, und dort, glaube ich, wurde es allerdings im Frühling 1219 niedergeschrieben. Man könnte des eigenthümlichen Schlusses wegen auf die Vermuthung kommen, dass das Chronikon nicht vollständig erhalten sei. In den Studier til Danmarks Historie i det 13de Aarhundrede, andet Stykke p. 9 (169) wird jedoch von Paludan-Müller aus der Handschrift, die mit „Kong Valdemars Jordbog" zusammengebunden ist, nachgewiesen, dass das Original nur bis 1219 gereicht haben kann. Nach diesen Untersuchungen ist die Handschrift zwischen 1259 und 1261 geschrieben, aber nicht Original; es giebt dies wenigstens einen äussern Anhalt für die Entstehungszeit dieses Auszugs. S. Vidensk. Selsk. Skr., 5. Række, hist. og philos. Afd., 4. Bd., V—VI.

Aber noch andere Gründe sprechen gegen die Annahme, dass das Chron. Dan. ap. Lgb. III, 260 von einem Zeitgenossen geschrieben sei, der einen Auszug aus den Ann. Lund. maj. mit eigenen Notizen vervollständigt habe. Usinger²) weist nach, dass die Angaben der Jahre 1216—1218 grösstentheils unter falsche Jahre gebracht sind. Die meisten derselben finden sich, vielfach wörtlich, in andern Annalen wieder und zwar fast sämmtlich mit Vermeidung der chronologischen Fehler; sie standen also in der gemeinsamen Quelle. Eine darunter ist besonders interessant. Zum Jahre 1216 hat das Chron. Dan. ap. Lgb. III, 260 die Notiz: „Dissentio orta est in Anglia inter regem Johannem et suos", die eigentlich ins Jahr 1215 gehört. Usinger sucht diesen chronologischen Fehler dadurch zu erklären, dass er annimmt, die Nachricht sei absichtlich ins Jahr 1216 gesetzt, um sie mit den Nachrichten über England und Frankreich zum Jahre 1217, die übrigens auch ein Jahr früher, nach 1216, zu setzen sind, in Verbindung zu bringen. Nun findet sich jene Notiz aber nicht allein im Chron. Dan. ap. Lgb. IV, 225³), sondern auch in den dänischen Ann. Ry. wieder,

---

¹) Usinger, n. a. O., S. 28 und 80; oben S. 16 ff.   ²) a. a. O., S. 35 und 36.   ³) Vgl. Scr. rer. Dan. IV, 227 und Ludewig, Rel. manuscr. IX, 154.

die auf keinen Fall zu dem Chron. Dan. ap. Lgb. III, 260 in irgend einer directen Beziehung stehen, und zwar ohne dass die in diesem Chronikon zu 1217 mitgetheilten Nachrichten darauf folgten; auch sie bringen die Mittheilung zum Jahre 1216. Sie war also schon in den Ann. Lund. maj unter dieses Jahr gesetzt, und diese machten den Fehler, ob in der Weise, wie Usinger ihn zu erklären sucht, bleibt allerdings zweifelhaft. Doch jedenfalls waren die Ann. Lund. maj., denen die englische Nachricht zum Jahre 1216 entnommen wurde, auch Quelle für die im Chron. Dan. ap. Lgb. III, 260 unmittelbar darauf folgenden und allerdings allein hier uns erhaltenen englisch-französischen Nachrichten, und wie diese, so hat das Chron. Dan. ihnen auch wohl die andern eigenthümlichen Nachrichten entlehnt, durch die es sich jetzt vor den übrigen Quellen auszeichnet, ist also nur ein Auszug der Ann. Lund. maj., der manche ihrer Nachrichten treuer überliefert hat, als andere.

Damit bleibt denn auch die Möglichkeit offen, dass jene Zusätze der Chron. Sial., die sich allein im Chron. Dan. ap. Lgb. III, 260 wiederfinden, nicht diesem, sondern den Ann. Lund. maj. entnommen sind, ich sage die Möglichkeit, denn es wäre thöricht, hier Etwas mit Bestimmtheit behaupten zu wollen.

Auch mit zahlreichen andern Annalen und Chroniken finden sich noch unter den Zusätzen und in der Fortsetzung gemeinsame Notizen, so mit den Ann. Ry. 1163, 1193, 1202 (auch genau so in dem besprochenen Chron. Dan.), 1204 (in den Ann. Ry. richtig 1203), 1233 (Ann. Ry. 1232[1]), 1237 (auch beim Anon. Nestved.), 1283, dann mit dem Chron. Dan. ap. Lgb. II, 433 zum Jahre 1167, mit der Lundenser Bisthumschronik zum Jahre 1252[2]), und in den Jahren 1287 bis 1307 mit dem Chron. ap. Lgb. II, 169, den dänischen

---

[1]) Suhm, Hist. af Danm. IX, 619 setzt das erste Auftreten der Franciskaner in Dänemark ins Jahr 1232; die von ihm angeführten Belegstellen sind sämmtlich aus den Ann. Ry. abgeleitet, doch haben diese hier gewiss ein grösseres Gewicht als die Zusätze zur Chron. Sial.

[2]) Vgl. Lgb., Scr. rer. Dan. VI, 625.

Ann. Ry., dem Anon. Nestved. und den Ann. Lund., welche ja aus einer Quelle geschöpft haben. Die Uebereinstimmung ist hier sehr wechselnd. So ist z. B. das Jahr 1287 nur aus dem Chron. ap. Lgb. II, 169 zu erklären, andere Zusätze wieder nur aus andern Werken jener Gruppe. Bei dieser Mannigfaltigkeit von Nachrichten möchte ich fast annehmen, dass auch ein Theil der Zusätze und der Fortsetzung der Chron. Sial. den Ann. Lund. maj. entnommen sei, doch muss zugestanden werden, dass die Worte des Arnas Magnaeus: „variis manibus adscripta" Raum genug lassen, um einer solchen Folgerung auszuweichen. Es wäre ja auch nicht unmöglich, dass jeder Einzelne seine Zusätze nur aus einer oder zwei Quellen nahm, und dass diese Mannigfaltigfaltigkeit entstand, weil Mehrere die Urheber dieser Zusätze waren. Endgültig wird sich die Frage, so lange wir keinen alten Codex besitzen, nicht entscheiden lassen.

Die selbständigen, in keiner andern mittelalterlichen Ueberlieferung erhaltenen Nachrichten unter den Zusätzen sind von keiner besondern Wichtigkeit und erlauben keinen Schluss auf ihren Ursprung, wenn man nicht aus der Todesnachricht zweier Bischöfe von Odense auf Fühnen schliessen will. Derartige Zusätze finden sich zu den Jahren 1136[1]), 1193, 1198, 1227, 1231, 1250, 1269, 1279, 1284, 1286, 1300.

8. Chronologia rerum memorabilium,
a. a. 1020 usq. a. a. 1323.

Langebek gab sie [2]) nach einer Abschrift eines Manuscripts von Upsala heraus, das aber, wie er sagt, ältere und mehr Nachrichten enthält, als die von ihm selbst angefertigte Abschrift. Auch das Hamburger Archiv besitzt eine Abschrift[3]), in der aber sogar noch Manches fehlt, was Langebeks Ausgabe enthält.

Usinger[4]) hat die Chronologia als einen Auszug aus den Ann. Lund. maj. bezeichnet, bei dessen Anfertigung

---

[1]) S. oben, S. 43, Note 2.   [2]) Scr. rer. Dan. II, 520—528.
[3]) Schlesw.-Holst.-Lauenbg. Archiv II, 208.   [4]) a. a. O., S. 85.

zugleich die Ann. Ry. benutzt wurden. Ausser den von Usinger angeführten Belegen lässt sich noch Einiges zur Begründung dieses Urtheils sagen. Mehrere Male hat die Benutzung beider Quellen den Verfasser der Chronologia verleitet, dieselbe Nachricht zwei Mal zu erzählen. So macht er z. B. zum Jahre 1150 aus der einen Schlacht, welche zwischen Knut und Sven geschlagen wurde, zwei, weil die Ann. Ry. die Schlacht als Schlacht bei Slangthorp bezeichnen, während die meisten übrigen Ableitungen der Ann. Lund. maj. sie Schlacht bei Thorstinstorp nennen. Ebenso sind zum Jahre 1181 aus einer Schlacht zwei gemacht, veranlasst durch den Umstand, dass dasselbe Treffen in den Ann. Ry. als bellum in Flysae, in den Ann. Lund. und der Chron. Sial. als bellum apud Anændælef (resp. Anundælef) bezeichnet wird.[1]) Man vergleiche ferner die Jahre 1186 und 1188 mit Ann. Ry. 1186 und Ann. Lund. 1187.

Um die Aehnlichkeit mit den Ann. Ry. zu beweisen, hat Usinger besonders auf das Jahr 1207 hingewiesen. Daneben sind noch das Jahr 1176 und die zahlreichen Nachrichten von Klostergründungen hervorzuheben; schon oben[2]) sind die Letzteren erwähnt worden. Was die Verwandtschaft mit den Ann. Lund. betrifft, so stimmen drei der von Usinger als Beleg für dieselbe angeführten Jahre, 1131, *1132*, 1134, wie schon oben[3]) Veranlassung war, zu bemerken, jedenfalls mehr mit dem Anon. Chron. Dan. und der Chron. Sial. überein als mit den Ann. Lund., und die für die Verwandtschaft mit der Chron. Sial. angeführte Nachricht zum Jahre 1177 hat mit dieser nicht mehr gemein als mit allen andern Quellen. Ueberhaupt finden sich alle Nachrichten, welche die Chronol. mit der Chronol. Sial. gemeinschaftlich hat, abgesehen von deren Zusätzen, auch in den übrigen Annalen in gleicher Aehnlichkeit wieder.

Schon Usinger und vor ihm Langebek haben die Vermuthung ausgesprochen, dass diese Aufzeichnung im Kloster Efkinbek im Bisthum Aarhuus entstanden sei, da

---

[1]) Vgl. Dahlmann, Gesch. Dänemarks I, 320 ff. u. Chr. Sial. zum Jahre 1180, Lgb. II, 622. ²) S. 10 ff. ³) S. 17.

dasselbe nur hier erwähnt werde, 1151 und 1180. Dass die Chronologia einem jütischen Kloster entstammt, kann nicht zweifelhaft bleiben, wenn man die eigenthümlichen Zusätze betrachtet. Dieselben betreffen ausser Nachrichten über Theuerungen, strenge Winter, Sonnenfinsternisse und andere Himmelszeichen fast nur jütische Begebenheiten, und darin spielen wieder die Bischöfe von Aarhuus und Viborg eine Hauptrolle. Man vergleiche die Jahre 1183, 1244, 1246, 1248, 1262, 1263, 1267, 1268, 1272, 1281, 1282, 1288, 1300, 1305, 1306 etc. Ueberhaupt werden im letzten Theile diese Zusätze so häufig, dass sie die mit andern Quellen gemeinschaftlichen Nachrichten überwiegen, und haben Usinger zu der Annahme veranlasst, dass trotz der Dürftigkeit der Nachrichten diese letzten Aufzeichnungen doch von einem Zeitgenossen herrühren, eine Ansicht, der nichts Erhebliches entgegensteht. Jedenfalls ist die Chronologia vor 1379 geschrieben, da sie ohne Zweifel von der Lundenser Bischofschronik benutzt ist. Eine ganz falsche Nachricht nämlich, welche nur die Chronologia hat, findet sich dort wieder.

Chronl. rer. mem.	Chr. Episcop. Lund.[1])
1237. Gregorius obiit, Sedes Romana vaccabat annis V.	Mortuo Gregorio Papa, vacat sedes Romana quinque annis, quae vacatio incepit sub a. D. 1233.

Es muss bemerkt werden, dass die Zeitangaben der Chron. Episcop. Lund. ganz besonders incorrect und zum Theil in den Handschriften corrumpirt sind; ich glaube daher kaum, dass das Jahr 1233 hier grossen Anstoss erregen kann.[2]) Auch die Aufstellung des Breviarium Danicum findet sich ganz allein in diesen beiden Quellen berichtet, kann allerdings auch unabhängig von einander aus den Ann. Lund. maj. in dieselben übergegangen sein. Gewiss ist dies in Betreff der Erzbischofschronik der Fall mit der Nachricht zum Jahre 1277, die sich auch allein in diesen

---

[1]) Lgb., Scr. rer. Dan. VI, 625.
[2]) Einen ähnlichen Fehler begeht sie zum Jahre 1271, s. Lgb. VI, 626, verglichen mit Ann. Lund. 1268 und 1271.

beiden Quellen erhalten hat, in der Chronologia allerdings entstellt[1])
Die Uebereinstimmung mit den Ann. Lund. verschwindet mit der Mitte des 13. Jahrhunderts so ziemlich, mit den Ann. Ry. und den übrigen Quellen dauert sie aber bis 1266 resp. 1273 in der alten Weise fort. Von dort ist dann die Mehrzahl der Nachrichten selbständig, und zugleich werden die Localnachrichten überwiegend; ein Papstcatalog zieht sich jedoch bis ans Ende durch. Möglich, dass hier zeitgenössische Aufzeichnung anfängt, ja dass vielleicht die ganzen Jahre von 1267—1323 von einem Manne herrühren.[2]) Von grosser Bedeutung sind die Nachrichten nicht.

9. Chronicon Danicum a. a. 980 usq. a. a. 1286.

Es ist herausgegeben von Langebek[3]) nach einer späten Handschrift, die nach Langebeks Meinung von Cornelius Hamsfort herrührte. Dass ausserdem noch ein Codex auf der Kopenhagener Universitäts-Bibliothek existirte, beweist eine Bemerkung Langebeks, dass unter den 1728 mit verbrannten Collectanea Bartholiniana eine Abschrift desselben vorhanden gewesen sei. Usinger hat[4]) dieses Chronikon für eine sehr späte Compilation erklärt, einmal, weil der Verfasser „sich für seine dürftigen Angaben auf Saxo, vita Canuti, annales vetustissimi u. a. berufe", und zweitens „seines ganzen Charakters wegen, der dem der Annales Bartholiniani", einer Composition des 17. Jahrhunderts, „durchaus ähnlich sei". Was die Anführung von Quellen

---

[1]) Diesen Fehler unseres Chronisten wird Usinger im Sinne haben, wenn er von einer argen Entstellung zum Jahre 1257 spricht; dort findet sich eine solche nicht. Uebrigens gehört die Nachricht nach Suhm, Hist. af Danm., X, 768 ins Jahr 1278, obgleich auch Petrus Olai und Hamsfort (Lgb., Scr. rer. Dan. I. 187 und 292), offenbar nach anderen älteren Quellen, sie ins Jahr 1277 setzen. Ob Deutsche sich am Kampfe betheiligten, lässt Suhm zweifelhaft. Jedenfalls irrt die Chronologia, wenn sie sagt: Dissensio inter Danos et Theutonicos. Keine andere Quelle weiss Etwas davon.
[2]) Vgl. über den letzten Theil der Chronologia Usinger, a. a. O., S. 86.   [3]) Scr. rer. Dan. II, 433—438.   [4]) a. a. O., S. 26.

anbetrifft, so erwähnt der Verfasser eben nur jene drei und keine andern und zwar in einer Weise, die auch bei einem Chronisten des 13. oder 14. Jahrhunderts gar nicht so sehr auffallend ist. Haben wir doch Beispiele genug in der Chron. Sial., die bei den meisten ihrer werthvollen ausführlichern Berichte ihre Quelle angiebt, in den Ann. Lund. und in den Annales Sorani. An der Stelle, wo unser Chronist sich auf seine Quellen beruft, stellt er zwei verschiedene Berichte über die Regierungszeit der fünf Söhne des Sven Estrithson zusammen[1]) und giebt seine Gewährsmänner an, für den einen Saxo, für den andern vetustissimi annales und den scriptor vitae Sancti Kanuti, den Langebek[2]) richtig als den Mönch Aelnothus bezeichnet. Was für ein Werk jene vetustissimi annales waren, lässt sich nicht ermitteln; die denselben zugeschriebenen Angaben finden sich in den uns erhaltenen Annalen nirgends genau wieder. Vor und nach diesem Bericht werden keine Quellen angegeben, vielmehr unterscheidet sich dieses Chronikon vom Jahre 1131 an, wo es ähnlich den Ann. Ry. und Lund., aus der Chronikenform in die annalistische übergeht, durch Nichts von allen übrigen Annalen des 13. und 14. Jahrhunderts.

Eine ganz andere Compilation sind dagegen die Annales Bartholiniani.[3]) Zunächst sind sie rein annalistisch, vom Jahre 777[4]) an bis zum Schlussjahr 1200, während alle andern Aufzeichnungen für die Zeit, in der Adam von Bremen

---

[1]) Bemerkenswerth ist, dass die Ann. Lund. der Hamburger Handschrift bei derselben Gelegenheit der Notiz „Haraldus regnavit octo annis" die Worte „alii non sic habent" hinzufügen, allerdings vielleicht ein späterer Zusatz, vgl. Ludewig, rel. manuscr. IX, 23. Auch der Anon. Roskild. gebraucht an dieser Stelle ein „secundum antiquos" (Lgb., Scr. rer. Dan. I, 378). Man sieht, dass die Berichte schon früh auseinandergingen. [2]) Scr. rer. Dan. II, 434, Note c.

[3]) Lgb.. Scr. rer. Dan. I, 334—342.

[4]) Das Anfangen mit demselben Jahre, mit dem die Ann. Lund. der Hamburger Handschrift, Ausgabe von Wormius und Ludewig, beginnen, scheint ein Zufall zu sein; ein innerer Zusammenhang ist nicht vorhanden.

den Hauptstoff liefert, die Form zusammenhängender Erzählung annehmen. In den Ann. Barthol. geht ferner die Anführung der Quellen von Anfang bis zu Ende gleichmässig durch und zwar in der vom mittelalterlichen Gebrauch und auch von der Art unseres Chronikons gänzlich abweichenden Form einer blossen Anführung des Namens; derselbe wird nur durch eine Abkürzung angedeutet: Sigeb., Helm., Annal. Eccl. Rip. u. s. w. Die Zahl der auf diese Weise citirten Quellen beläuft sich auf nahezu 20, Werke vom 9. bis zum 17. Jahrhundert. Auch sind die Ann. Barthol. ganz andern Inhalts als unser Chronikon. Die Hälfte ihrer Nachrichten findet sich in keinen andern dänischen Geschichtsaufzeichnungen wieder; fremde Quellen sind fast ebenso reichlich als einheimische benutzt.

Dagegen haben wir im Chron. Dan., abgesehen von einigen selbständigen Nachrichten über die Dominikaner, sehr wenig, was nicht auch in andern dänischen Annalen und Chroniken überliefert würde, doch so, dass man sie wieder alle heranziehen müsste, um dies dürftige Chronicon zu erklären. Es ist keiner der uns erhaltenen Aufzeichnungen überwiegend ähnlich, sondern schliesst sich bald diesen, bald jenen an. Gleich die erste Notiz beweist, dass der Verfasser den Anon. Roskild. gekannt hat[1]), aber kaum unter diesem Namen, denn später zieht er ihn noch einmal heran mit den Worten „alicubi invenitur, quod 1090 passus est" (sc. Kanutus rex). Oder war diese Notiz vielleicht eine Erinnerung aus früherer Lectüre? Besonders bemerkenswerth ist, dass das Chronikon übereinstimmend mit dem Chron. Dan. ap. Lgb. IV, 225 zum Jahre 1144 den Erzbischof von Bremen richtig Hartwich, nicht wie alle Andern Heinrich nennt, ohne dass es sich doch sonst durch besonderer Zuverlässigkeit seiner Nachrichten auszeichnete. Zum Jahre 1135 hat es z. B. einen eigenthümlichen und sehr verwirrten Bericht.

Um ein Bild von der bunten Zusammensetzung der Nachrichten unseres Chronikon zu geben, führe ich einige

---

[1]) Lgb., Scr. rer. Dan. I, 375.

Beispiele an, die ich aus den Jahren nach 1245 nehme.
1247 des Chronikon findet sich nur in den Ann. Lund. und
im Anon. Nestved. wieder, die letzte Nachricht von 1250
nur bei diesem und dem Anon. Chron. Dan., 1251 nur in
der Chron. Sial. vollständig, 1253 beim Anon. Nestved.,
1258 in den Ann. Ry. und der Chron. Sial., ebenso 1262
und 1264. Die grössere Hälfte der Nachrichten sind uns
aus drei oder mehr andern Quellen zugleich bekannt. Der
Chronist musste so ziemlich alle uns erhaltenen dänischen Quellen von den Zeiten des Anon. Roskild. und
früher bis gegen das 14. Jahrhundert hin kennen und benutzen, um eine Compilation wie diese zu Stande zu bringen.
Und sollte er da nicht bei irgend einer Gelegenheit noch
einmal, wie zu Anfang, seiner Quellen gedacht haben, da es
doch an Widersprüchen, ähnlich den von ihm im Anfang
hervorgehobenen, in seinen Vorlagen nicht fehlte? Dass er
es nicht thut, scheint mir ein Zeichen, dass er eben nicht
aus mehreren Quellen compilirte, sondern den Hauptinhalt
einem Werke, den Ann. Lund. maj. entnahm.

Was die dem Chronikon eigenthümlichen Nachrichten
betrifft, so weisen dieselben, wie schon Langebek bemerkt,
unzweifelhaft darauf hin, dass der Verfasser ein Dominikaner gewesen sei, und damit ist das Chronikon denn auch
um nahezu zwei Jahrhunderte höher hinaufgerückt als die
Ann. Barthol. Die beiden letzten Jahre, 1285 und 1286,
sind auffallend reich an solchen Nachrichten, so dass man
fast auf den Gedanken kömmt, dieselben seien nicht sehr
lange nach den Ereignissen aufgezeichnet worden. Einem
Fernstehenden konnten diese Nachrichten weder so genau
bekannt sein, noch hätte er genügendes Interesse daran gehabt, sie in einem so knapp gehaltenen Chronikon so ausführlich mitzutheilen. Sie sind aus unserm Chronikon in
die sogenannte Chronol. secunda des Cornelius Hamsfort
übergegangen.[1]) Auch Petrus Olai hat das Chronikon gekannt und benutzt[2]) und fügte den demselben entnommenen

---

[1]) Lgb., Scr. rer. Dan. I, 293 und 294.
[2]) Lgb., Scr. rer. Dan. I, 120.

Nachrichten die Notiz hinzu: „Haec ex libro antiquo 1533", wodurch die oben ausgesprochene Ansicht bestätigt wird.

Ausser diesen Ordensnachrichten haben die Jahre 1249 und 1255 noch kleine Mittheilungen, die sich sonst nirgends finden. Die Erstere betrifft die Sage von dem heiligen Wenceslaus, Herzog von Böhmen, der dem König Erich Plogpennig erschienen sein soll; der Chronist deutete sie nur durch das Wort „Venceslaus" an. Ausführlich erzählt findet sie sich bei Petrus Olai.[1]) Diese Kürze charakterisirt die ganze Art unseres Chronikons; es ist, wie auch noch andere unter den dänischen Aufzeichnungen, wohl nur gemacht zum Schulgebrauch, eine Tabelle fürs Memoriren der Daten und Facta. Historischen Werth haben diese Tabellen, die den Namen Annalen oder Chronik kaum verdienen, nur wenig und dies auch nur durch den Verlust des grössern Werks. Dagegen sind sie uns erwünscht als Beleg, dass ein solches grösseres Werk existirte, und allein von diesem Gesichtspunkte aus verdient ein Chronikon wie das ap. Lgb. II, 433 überhaupt eine nähere Betrachtung.

Ganz aus demselben Gesichtspunkte ist anzusehen das

10. Breve Chronikon Danicum a. a. 1249 usq. a. a. 1290.

Es ist herausgegeben von Suhm.[2]) Schon Usinger[3]) hat darauf aufmerksam gemacht, wie die 13 Nachrichten dieses Chronikon, die mit Ausnahme einer einzigen Notiz (1259) nur Angelegenheiten des Clerus betreffen, theils mit den Ann. Ry., theils mit den Ann. Lund., theils mit der Chron. Sial. übereinstimmen; man kann für das Jahr 1259 noch die Chronol. rer. memor. (1260) hinzufügen. Usinger erklärt es für eine Compilation eines Geistlichen. Natürlicher als die Benutzung von vier Quellen, um 13 Nachrichten zusammenzuschreiben, erscheint es mir, auch diese kurzen Notizen aus den Ann. Lund. maj. herzuleiten.

---

[1]) Lgb., Scr. rer. Dan. I, 124.   [2]) Lgb., Scr. rer. Dan. V, 571.
[3]) a. a. O., S. 78.

11. Annales Danici a. a. 1131 usq. a. a. 1325.

Sie sind von Suhm[1]) herausgegeben nach einer Abschrift des Stephanius. Auch das Hamburger Archiv besitzt eine Abschrift[2]), welche beweist, dass Stephanius diese Annalen nicht aus mehreren Codices zusammenschrieb. Denn auf diese Vermuthung kömmt man leicht, wenn man die Zusammensetzung derselben betrachtet. Sie bestehen aus drei Gruppen, die unter sich keinen Zusammenhang haben. Die erste umfasst die Jahre 1131—1199, die zweite 1245—1258, die dritte 1313—1325. Die erste Gruppe lässt sich aus keiner uns bekannten Quelle vollständig herleiten, und Usinger[3]) zieht daraus den Schluss, dass sie den Ann. Lund. maj. entnommen ist. Ebenso wenig ist aber die zweite Gruppe aus einer Quelle zu erklären. Man muss fast alle Ableitungen der Ann. Lund. maj. zu Hülfe nehmen, um diese acht Nachrichten von 1245—1258 herzuleiten. Usinger sagt, sie stimmten meist wörtlich mit der Chron. Sial. überein, nur fänden sich einige Zusätze. Dasselbe kann man von den Ann. Ry. sagen, nur finden sich auch hier einige Zusätze. Auch mit dem Anon. Nestved. kann man sie vergleichen, doch bleiben wieder einige Zusätze. Offenbar sind diese wenigen Notizen den Ann. Lund. maj. entnommen wie jene von 1131 bis 1199; sie enthalten ein Beispiel, die Art zu kennzeichnen, wie die Nachrichten jener Quelle in ihren Ableitungen behandelt wurden.

Chron.Dan.ap. Lgb. II, 433.	Ann. Ry.	Anon. Nestved.	Ann. Danici.	Anon. Chron. Dan.
1256: Rex Daciae et Sueciae pacificati sunt in Haffn.	1257. Hakinus Rex Norwegiae fuit in Dacia.	1257. Reconciliatus est Rex Christoforus cum Rege Norwegiae.	1257. Haquinus Rex Norwegiae venit in Kopmanhaven et reconciliatus est Regi Christophoro.	1257. Haquinus Rex Norwegie fuit in Dacia.

Unsere sonst so dürftigen Notizen sind hier am ausführlichsten. Zwei von den Ableitungen, die Ann. Ry. und

---

[1]) Scr. rer. Dan. IV, 282—285.   [2]) Schlesw.-Holst.-Laueubg. Archiv II, 202.   [3]) a. a. O., S. 87.

Anon. Chron. Dan. zeigen die auffallende wörtliche Uebereinstimmung, die wir schon bei einer frühern Gelegenheit zwischen den Ann. Ry. und der Chron. Sial. beobachteten.[1]) Das Chron. Dan. ap. Lgb. II, 433 bringt die Nachricht entstellt, sachlich und chronologisch falsch. Die dritte Gruppe von 1313—1325 ist historisch wichtiger. Sie hängt aufs Engste mit der Continuatio Chronici Danorum et praecipue Sialandiae zusammen und wir wollen sie daher in Verbindung mit dieser besprechen.

---

[1]) s. oben S. 14.

II.
Die Annalen und Chroniken des 14. und 15. Jahrhunderts.

Schon die bisher besprochenen Quellen ragten zum Theil in das 14. Jahrhundert hinein, wenn auch nur in das erste Viertel desselben. An diese knüpfen sich einige andere Aufzeichnungen, die im 14. Jahrhundert und zwar grösstentheils in der zweiten Hälfte desselben entstanden sind und nur Ereignisse des 14. Jahrhunderts berichten, also sämmtlich mehr oder minder zeitgenössische Aufzeichnungen sind.

1. Das Chronicon breve Danicum a. a. 1275 usq. a. a. 1347.

Es ist herausgegeben von Suhm[1]) nach einer aus der Sammlung des Stephanius[2]) stammenden Abschrift. Zunächst finden sich Nachrichten zu vier ziemlich weit auseinanderliegenden Jahren: 1275, 1298, 1310, 1316 und dann von 1326—1347 gleichmässiger fortlaufend zu 11 verschiedenen Jahren. 1275 stimmt, wie schon früher erwähnt[3]), mit dem Anon. Nestved. überein; die Nachricht zum Jahre 1298 über die zweite Anwesenheit des Legaten Isarnus in Dänemark hat einen in allen andern Annalen fehlenden, richtigen Zusatz, den ich für ein Bruchstück der Ann. Lund. maj. halte; 1310 fasst verschiedene Nachrichten aus den letzten 10 Jahren zusammen, und 1316 entspricht der Continuatio Chro-

---

[1]) Lgb., Scr. rer. Dan. VI, 253—254.
[2]) Diese Sammlung, angelegt nach Codices der Kopenhagener Bibliothek, werde ich noch mehrfach zu erwähnen haben. Ueber ihr Schicksal s. Lgb., Scr. rer. Dan. IV, 281. [3]) S. 28.

nici Sialandiae 1312.¹) Jedenfalls, glaub' ich, hat der Verfasser diese dürftigen Notizen nicht aus einem halben Dutzend, sondern aus einer Quelle geschöpft, wie sie ihm auch für die Jahre 1326—1347 vorlag, von denen bei Besprechung des folgenden Werks die Rede sein wird.

1. Die Continuatio Chronici Danorum et praecipue Sialandiae a. a. 1306 usq. a. a. 1363.

Sie ist herausgegeben von Suhm²) nach einer Abschrift, die Langebek von einer ihm aus Stockholm oder Upsala übersandten Abschrift nahm. Dieselbe reichte bis 1357, eine Hamburger Handschrift dagegen bis 1363; diese Fortsetzung hat Lappenberg³) veröffentlicht. Auch auf der Kopenhagener Universitäts-Bibliothek befindet sich eine Handschrift von Johann Svaning dem Aeltern (gestorben 1584), die bis 1357 geht und weniger vollständig und richtig ist, als die Hamburger. Suhm hat sie bei seiner Ausgabe mit benutzt. Der Catalog der Donatio Delagardiana⁴) lässt diese Chronik bis 1368 reichen; auch Bartholin und Svaning kannten wahrscheinlich eine bis dahin gehende Fortsetzung.⁵)

Die Continuatio ist ohne Zweifel das bedeutendste der uns erhaltenen dänischen Geschichtswerke des 14. und 15. Jahrhunderts. Sie ist die Hauptquelle für die bewegte Geschichte des Landes nach dem Tode Erich Menveds, vor Allem ist sie unschätzbar für die Regierungszeit Waldemar Atterdags, die einzige wirklich zeitgenössische und zuversichtliche Quelle für die Geschichte dieses, je nach dem Standpunkte des Geschichtsschreibers so verschieden aufgefassten Mannes. Dänische Historiker besonders haben dem Continuator Parteilichkeit vorgeworfen, weil er Thatsachen berichtet, die einen hässlichen Schatten auf das lichtvolle Bild eines nationalen Helden und Befreiers seines

---

¹) Diese Jahreszahl ist offenbar fälschlich für 1311 geschrieben; s. darüber weiter unten. ²) Lgb., Scr. rer. Dan. VI, 520—531.
³) Schlesw.-Holst.-Lauenbg. Archiv II, 214—226.
⁴) Vgl. Lgb. VI, 519.   ⁵) Vgl. Lappenberg im Schlesw.-Holst.-Laueub. Archiv II, 204, Suhm, Hist. af Dan. XIII, 339 und 391.

Vaterlandes von fremder Herrschaft werfen. Aber was er Nachtheiliges von Waldemar erzählt, giebt er ohne Hass und Feindschaft, so thatsächlich wie möglich, und wir können es daher um so eher als Wahrheit annehmen. Wenn Waldemar durch rechtmässige und nothwendige Regierungshandlungen die Interessen privilegirter Stände verletzt und sich den Hass derselben zuzieht, stellt sich der Continuator durchaus nicht auf die Seite der Letztern; er berichtet nur, tadelt und lobt selten. Es würde ausser dem Zwecke dieser Arbeit liegen, Einzelheiten hervorzuheben, aber darauf muss wenigstens hingewiesen werden, dass für eine Beurtheilung Waldemars und seiner Regierung diese Quelle die einzig zuverlässige Grundlage ist.

Ueber den oder vielmehr die Verfasser ist nichts Gewisses überliefert. Was aus dem Werke selbst darüber entnommen werden kann, wird später berührt werden. Wer der Urheber des Titels: Continuatio Chronici Danorum praecipue Sialandiae ist, ist unbekannt; wahrscheinlich ist derselbe nur durch den äussern Umstand hervorgerufen, dass die mit 1308 beginnende Continuatio sich in den Jahreszahlen an die mit 1307 endenden Zusätze der Chron. Sial. anschliesst. Usinger, der wegen seiner Ansicht über diese die Continuatio nicht als eine Fortsetzung der Chron. Sial. gelten lassen konnte, fasste sie lieber als eine Fortsetzung der Ann. Ry. auf[1]), während sie sich doch weder an den mit 1314 schliessenden dänischen, noch an den mit 1288 ausgehenden lateinischen Text anreiht. Grund dafür war ihm die enge Verwandtschaft zwischen den ersten Jahren der Continuatio und den letzten der dänischen Ann. Ry. Obgleich nun in der Abfassungszeit der Zusätze und der Fortsetzung der Chron. Sial. nach meiner oben[2]) dargelegten Ansicht kein allzugrosses Hinderniss läge, so knüpfe ich doch unsere Continuatio mit Usinger lieber an ein Werk an, dass auch seiner Abstammung nach mit derselben verwandt ist, und da bietet sich kein passenderes dar, als die Ann. Lund., die ja, wie ich oben[3]) nachgewiesen habe, mit

---

[1]) a. a. O., S. 90.   [2]) S. 42 ff.   [3]) S. 36 ff.

den dänischen Ann. Ry. und dem Chronicon ap. Lgb. II,
169 aus einer Quelle geschöpft haben, also auch unserer
Continuatio verwandt sind und sich, da sie 1307 ablassen,
den Jahren nach ebenso eng an dieselbe anschliessen als
die Chron. Sial. mit ihren Zusätzen.
Bevor ich auf das Verhältniss der Continuatio zu den
genannten Quellen näher eingehe, will ich erst ihre Stellung
zu der dritten Gruppe der Ann. Dan. ap. Lgb. IV, 283[1]),
von 1313—1325, klar zu machen versuchen. Jenes Bruchstück erklärt Usinger[2]) für eine zeitgenössische Aufzeichnung und lässt es vom Verfasser der Continuatio benutzt
werden. Dagegen spricht aber der ganze Charakter der
beiden Quellen. Die Continuatio ist nicht allein bedeutend
reichhaltiger und hat zu jedem Jahr eigenthümliche Notizen,
sondern sie erzählt auch die Ereignisse viel genauer und
umständlicher, als jener Annalenschreiber, der zwei Jahre,
1322 und 1323 ganz ohne Notizen gelassen hat.[3]) Die Herleitung der Continuatio aus den Annales Danici ist gewiss
unzulässig. Viel wahrscheinlicher erscheint das umgekehrte
Verhältniss, obgleich auch dieses einige Bedenken erregt.
Denn auch die Annales haben ihre eigenthümlichen Zusätze,
besonders zu den Jahren 1316, 1318, 1319, aber weder ihre
Zahl noch ihre Bedeutung fällt gegen die der Continuatio
ins Gewicht. Auffallend ist, dass sich die bedeutenderen
derselben mit einer einzigen Ausnahme auf den Herzog,
spätern König Christoph II. beziehen. Sollten dem Urheber
dieser Annalen etwa besondere Nachrichten über denselben
zu Gebote gestanden haben, die er dann dem Auszuge aus
der Continuatio einfügte? Denn abgesehen von jener Ausnahme, einer kurzen Nachricht über die Erwählung des
Magnus zum König von Schweden und Norwegen zum Jahre
1319 haben die Annalen an andern, nicht auf Christoph Be-

---

[1]) s. oben S. 57 ff.   [2]) a. a. O., S. 87 ff.

[3]) Bei der Vergleichung muss man die Hamburger Handschrift der Continuatio zu Grunde legen. Sie hat wichtige Verbesserungen und Ergänzungen der Suhmschen Ausgabe, so z. B. zum Jahre 1318. Auch das bei Langebek ganz fehlende Jahr 1327 ist aus der Hamburger Handschrift zu ergänzen.

zug habenden Zusätzen nur die Worte „Olafsun" zum Jahre 1313 und „in Nort-Iucia" zum Jahre 1320 mehr als die Continuatio, und diese könnten sie, bei der schlechten Ueberlieferung, in der wir die Continuatio besitzen, auch einem bessern Text verdanken. War die Continuatio nicht Quelle für die Annalen, so muss die gemeinschaftliche Grundlage Beider der Erstern sehr ähnlich gewesen sein, kaum etwas mehr, als eine neue Redaction, denn die Annalen schliessen sich durchweg aufs engste an den Wortlaut der Continuatio an.

Was die Zeit der Aufzeichnung dieser Nachrichten betrifft, so scheinen die genauen Angaben über Auflagen und Schatzungen, verbunden mit ziemlich häufigen Datenangaben und verhältnissmässiger Ausführlichkeit der Nachrichten mir dieselben als zeitgenössische zu kennzeichnen, die dann eine Fortsetzung über das Jahr 1326 hinaus fanden.

In einem ähnlichen nicht mit voller Sicherheit zu bestimmenden Verhältniss stehen die Jahre 1326—1347 des oben besprochenen Chron. breve ap. Lgb. VI, 253 zu der Continuatio. Usinger erklärt den Abschnitt von 1298—1347[1]) für Aufzeichnung eines Zeitgenossen, doch ist der Zusammenhang mit der Continuatio nicht zu verkennen. Einige Jahre haben eine blosse Inhaltsangabe derselben, andere begnügen sich, eine oder zwei Nachrichten zu entlehnen, eins, das Jahr 1346, giebt die Continuatio fast vollständig wieder, ja, es hat sogar noch eine Notiz mehr und die letzte, England betreffend, mit genauern Angaben. Das Datum zum Jahre 1340 ist ein falscher Zusatz. Sollten auch dies Zeichen von Benutzung einer gemeinsamen Quelle sein? Man sieht, sie sind zu gering, um sichere Schlüsse daraus zu ziehen. Ich glaube man muss zunächst die Continuatio als Quelle für diese beiden Aufzeichnungen gelten lassen, von denen sie vielleicht in einer bessern Form, als sie uns vorliegt, benutzt wurde.

Dass die Nachrichten von 1326 an von einem Zeitgenossen herrühren, nimmt schon Usinger an. Die genauen

---

[1]) a. a. O., S. 94.

Datenangaben dauern fort; sie finden sich fast zu jedem Jahre, besonders zahlreich 1343. Die ausführlichen Berichte zu den Jahren 1326 und 1328 können wohl nur von einem Zeitgenossen geschrieben sein. Ob man aus dem Abschliessen jenes dürftigen Auszugs im Chronicon breve Danicum mit dem Jahre 1347 ebenfalls auf einen Abschnitt bei diesem Jahre schliessen darf, ist doch zweifelhaft. Im Inhalt spricht Nichts dafür. Doch erscheint es mir mit Usinger als sicher, dass der Autor dieses Theils sein Werk mit dem Jahre 1357 abschloss, und die Fortsetzung bis zum Jahre 1363 von einem Andern herrührt. Ausser dem, was Usinger und Suhm[1]) dafür anführen, scheinen mir auch die Weissagungen der Sybille dafür zu sprechen, die der Verfasser nach einem Schreiben des "Magister Milletus de Tolleto" und der "congregatio aliorum magistrorum ibidem" zwischen die Berichte über das Parlament in Nyborg, 2. Februar 1357, und das in Vordingborg, 25. März, einschiebt. Die dort vorhergesagten Ereignisse sollen im Mai des Jahres beginnen, und der Verfasser, offenbar von der Wahrheit der Prophezeihung überzeugt, hat sie zur Warnung seiner Leser vorher niedergeschrieben. Der Schluss dieses Theils wird nicht lange nach dem 16. April, dem Tag der Zusammenkunft in Rostock, aufgezeichnet sein; leider lässt sich ein terminus ad quem nicht mit Sicherheit bestimmen, da wir nicht wissen, wie lange Waldemar sich in diesem Jahre in Jütland, wohin er sich nach dem Bericht der Continuatio von Rostock begab, aufhielt.

Die Fortsetzung bis 1363 erzählt zunächst die Begebenheiten des Jahres 1357 weiter, doch nicht, worauf schon Usinger hinweist, in engem Anschluss an das Vorhergehende, so dass man deutlich den neuen Bearbeiter erkennt. Sie führt die Begebenheiten bis zum Tode des Herzog Christoph, Waldemars Sohn, am 11. Juni 1363. Dass sie von einem Zeitgenossen geschrieben, haben Lappenberg[2]) und Usinger nachgewiesen. Ihren Gründen möchte kaum noch Etwas

---

[1]) Lgb., Scr. rer. Dan. VI, 531.
[2]) Schlesw.-Holst.-Lauenbg. Archiv II, 204.

hinzuzufügen sein, wenn nicht vielleicht der Vers auf den Tod Erichs von Schonen¹)

Flet pro morte sua non multum dux Benedictus, der in dieser Fassung und in dieser Verbindung wohl schwerlich von einem Andern als einem Zeitgenossen angeführt werden konnte, noch dafür geltend zu machen wäre.

Der erste Theil der Continuatio, die Jahre 1308—1312, bleibt noch zu besprechen. Usinger hat diese Jahre oder vielmehr 1308—1313 aus jener verlornen Quelle hergeleitet, die er für die Jahre 1289—1313 nachwies, und die wir als eine Fortsetzung der Ann. Lund. maj. erkannten. Nur zwei von den daraus abgeleiteten Werken reichen über das Jahr 1307 hinaus und können hier in Betracht kommen, nämlich die dänischen Ann. Ry. und das Chron. ap. Lgb. II, 169. Die Continuatio ist reicher an Nachrichten als Beide.²)

---

¹) Schlesw.-Holst.-Lauenbg. Archiv II, 222.

²) Usinger findet (S. 96) arge Missverständnisse in der Continuatio, und es erscheint ihm daher zweifelhaft, ob „die eigentliche Fortsetzung der Ann. Ry. treu benutzt ist", S. 96. Die Besetzung verschiedener Erzbisthümer zum Jahre 1311 in der Continuatio und 1310 in dem Chronikon ap. Lgb. II, 169 soll bei Beiden chronologisch, in der Continuatio aber auch sachlich falsch sein. Die dänischen Ann. Ry. berichten diese Sachen zum Jahre 1309, aber hier sind sie es gerade, welche irren. In der Continuatio sind die chronologischen und sachlichen Fehler, glaub' ich, allein auf Schreibfehler zurückzuführen, im Chronikon ist Alles am rechten Platz. Jene Schreibfehler müssen schon in einer ältern Abschrift begangen worden sein, denn sie finden sich jetzt übereinstimmend in der Hamburger Handschrift und bei Langebek. Es werden nämlich die Jahreszahlen 1309, 1311, 1312, 1312 nach einander angeführt, wofür es ohne Zweifel heissen muss 1309, 1310, 1311, 1312. Dann wird unter 1311 (also eigentlich 1310) erzählt: „Joannes Grand factus est Archiepiscopus Bremensis. Et Isarnus Episcopus Salernitanensis factus est Archiepiscopus Lundensis. Et Esgerus Episcopus Arhusiensis translatus est ad sedem Lundensem." Ich sehe darin weiter keinen Fehler, als dass es in der zweiten Notiz heissen müsste: „Isarnus Archiepiscopus Lundensis factus est Archiepiscopus Salernitanensis", eine Entstellung, die gewiss, wie jene falschen Jahreszahlen, einem Abschreiber, nicht dem Verfasser des Chronikon zuzuschreiben ist. Dass Salerno als Bisthum bezeichnet wird, kann bei der Entfernung nicht auffallen. Nun giebt es zwar eine

Wie aus den Jahren 1313 — 1325 die 3. Gruppe der
Ann. Dan. ap. Lgb. VI, 253, so kann man für die Jahre
1308—1312 die genannten beiden Aufzeichnungen wenigstens
ihrem Hauptinhalt nach aus der Continuatio herleiten, so
dass die Vermuthung nahe liegt, wir hätten hier wenigstens
ein Stück jener gemeinschaftlichen Grundlage erhalten, eine

Reihe verschiedener Nachrichten über den Isarnus, aber so ohne Weiteres den Bericht der Continuatio für falsch erklären, darf man doch nicht. Darin stimmen alle Nachrichten überein, dass er im Jahre 1310 auf dem Lundenser Erzbisthumsstuhl in der Person des Bischof Esger von Aarhuus einen Nachfolger erhielt, der schon am 18. November in das neue Amt eingetreten war (vgl. Suhm, Hist. af Danm. XI, 644). Die beiden libri datici Lundenses (Lgb., Scr. rer. Dan. III, 452 und IV, 56) geben als Isarnus' Todestag den 18. September an, und damit stimmt auch Ughellus, Italia sacra VII, 429, der ihn im September in Avignon sterben lässt, nachdem ihm am 2. Juni vom Papste das Erzbisthum Salerno übertragen worden war. Ughellus sagt, dass er in Avignon auch begraben sei und beruft sich auf einen Brief aus dem Vatikan. Die Notizen in den libri datici Lundenses sagen Nichts von seinem Begräbnissorte, sind also kein Hinderniss, Ughellus Glauben zu schenken, denn wie das Beispiel des 1182 in Clairvaux verstorbenen und dort begrabenen Erzbischofs Eskil lehrt, wurden nicht bloss die in der Lundenser Kirche Begrabenen in das Verzeichniss aufgenommen. Die Nachricht konnte früh genug nach Dänemark kommen, um zu ermöglichen, dass Esger schon am 18. November Erzbischof war, woran Suhm Anstoss nimmt. Dass Isarnus nicht in Dänemark zu bleiben gedachte, sondern nach dem Süden zurückstrebte, geht auch aus einer Notiz des Detmar zum Jahre 1304 hervor. Die Note in Voigts preussischer Geschichte IV, 164 beruht offenbar auf einer Verwechslung. Der dort herangezogene, bei Bower, Historie der römischen Päbste VIII, 296 (nur in der deutschen Uebersetzung) näher besprochene und bei Raynald, annales ecclesiastici 1308, Nr. 10, erwähnte Isarnus hat mit unserm Erzbischof von Riga und Lund nur den Namen gemein. Was die Versetzung des Johannes Grand nach Bremen anbetrifft, so sagt Lappenberg, Geschichtsquellen von Bremen S. 28, Note 12, dass Johannes Grand am 15. Juni 1309 noch nicht Erzbischof war; die erste von ihm als Erzbischof von Bremen ausgestellte Urkunde datirt vom 26. November 1310. Er kann also ebensogut in diesem Jahre wie im vorhergehenden zu dieser Würde gelangt sein. Daraus erhellt also, dass das Chronicon durchaus sachgemäss berichtet, die Continuatio wahrscheinlich ursprünglich auch so, dass allein die dänischen Annales Ryenses Fehler begehen.

Vermuthung, die aufzustellen um so verlockender ist, als eines Theils die Continuatio sich chronologisch eng an die mit 1307 ablassenden Ann. Lund. anschliesst, andererseits aber durch die Genauigkeit und Ausführlichkeit ihrer Nachrichten sich so vortheilhaft vor allen andern Geschichtswerken der Zeit auszeichnet, dass sie wohl einen solchen Mittelpunkt abgeben könnte. Dazu kömmt noch, dass auch sie durch die genauen Berichte über den Erzbischofswechsel und überhaupt über schonensche Verhältnisse, womit sich dann auch unvermeidlich schwedische Nachrichten verbinden, auf Lund oder wenigstens Schonen hinweist. Auf einen Cleriker der Lundenser Kirche scheint mir auch das hinzudeuten, dass der Verfasser, der sonst nie persönlich wird, bei der Erzählung von der Confiscation der erzbischöflichen Güter durch den Herzog Benedictus es nicht unterlassen kann, die Worte hinzuzufügen: „imo maledictum".
Auch jener zum Tode Erichs von Schonen angeführte Vers zeigt die Verachtung und den Hass gegen jenen Günstling des Königs Magnus von Schweden, den ein Däne schwerlich gefühlt hätte, wenn er nicht durch besondere Interessen mit Schonen verknüpft war, das damals (1332—1360) unter schwedischer Herrschaft stand.

Auch die Art, in der besonders der letzte Theil der Continuatio geschrieben ist, entspricht der, in welcher man sich die Ann. Lund. maj. denken muss. Die Nachrichten sind ziemlich ausführlich erzählt, so dass sie zu mannigfachen Abweichungen in etwaigen Auszügen Raum genug bieten, andererseits den, der das Ganze kurz wiedergeben will, bisweilen zwingen, eine neue Fassung zu erfinden. Die Jahreszahlen sind beim letzten Fortsetzer nicht genau beachtet; er erzählt aus einem Jahr ins andere hinüber, ohne die Scheidung immer genau zu bezeichnen. So erklären sich die Abweichungen in den Jahreszahlen, die in den Ableitungen der Annales Lundenses majores so häufig sind. Und doch muss bei näherer Prüfung eine solche Annahme viele Bedenken erregen. Zusätze zu dem, was die Continuatio bietet, finden sich besonders in dem Chron. ap. Lgb. II, 169 zu jedem der Jahre 1308—1312, und wenn es auch nicht unmöglich wäre, dass der Autor dieses Chronikons, der die Schlussnotizen zu den Jahren 1313—1317 unabhängig von seinen frühern Hauptquellen einzeichnete, auch einzelne Zusätze für die unmittelbar vorhergehenden Jahre machte, so bleiben doch einige unter diesen Zusätzen besonders auffällig und lassen sich auf diese Weise nicht erklären. So haben z. B. Beide, Chronikon und dänische Ann. Ry., zum Jahre 1308 „secundo" resp. „annæn thijt" und zu 1310 „Ericus dux Langlandiae obiit" resp. „Hertig Eric af Laland døthæ", Worte, die demnach höchst wahrscheinlich in der gemeinschaftlichen Quelle standen, sich in der Continuatio aber nicht finden. Ausserdem heisst es im Chronikon zum Jahre 1310 richtig von Herzog Erich von Schweden: „Factus est Miles Regis et Feudalis de Hallandia"[1]), während die Continuatio ziemlich unklar bloss „Miles Regis de Hallandia" hat. Oder sollten auch diese Lücken der schlechten Ueberlieferung zuzuschreiben sein? Man sieht, ein sicheres Resultat ist schwer zu gewinnen. Selbst bei der sorgfältigsten Vergleichung gelingt es kaum, sich eine feste Ansicht zu bilden.

Besondere Schwierigkeiten, auf die, glaub' ich, aufmerksam gemacht werden muss, macht das Jahr 1313 in den dänischen Ann. Ry. Das Chron. ap. Lgb. II, 169 zeigt zuletzt 1312 Uebereinstimmung mit der Continuatio und den dänischen Ann. Ry., andererseits sind die Ann. Dan. ap. Lgb. VI, 283 für das Jahr 1313, ihr Anfangsjahr, nur ein Auszug der Continuatio. Beides deutet darauf hin, dass das zu Grunde liegende Werk mit dem Jahre 1312 irgend einen Abschluss fand, sei es, dass ein neuer Fortsetzer hier einsetzte, oder dass es überhaupt einem andern Werke als fernere Grundlage Platz machte. Da ist es nun auffallend, dass die dänischen Ann. Ry. noch für dieses Jahr Anklänge an die Continuatio und die Ann. Dan. zeigen, die man kaum als zufällig bezeichnen kann. Man vergleiche

---

[1]) Vgl. über das Verhältniss' Suhm, Hist. af Danm. XI, 651.

Cont. Chr. Sial.	Dän. Ann. Ry.	Ann. Dan. ap. Lgb. IV, 283.
1313. Rex intravit Jutiam cum exercitu. Quidam enim ex Jutis se congregantos contra Nicolaum Dapiferum Regis prope Koldinge pugnaverunt, filium Henrici Comitis de Glichen et quosdam alios ex parte Dapiferi prostraverunt et ipse cum ceteris	1313. Kuningin foor in i Norræ Jwtland met stoor hær, oc at spæghæ then som sombondet rath haudæ as mood kuningin, oc hæydæ mangæ af thæm. Oc tha pa laudæ han thæn skat i Jutland, ther man kallæ Gulkorn.	1313. Juti pugnant contra Nicolaum Olafsun Dapiferum prope Kalding, et prosternunt Henrici Comitis filium de Glicken. Ideo Rex multos ex Jutis suspendi fecit, et tributum imposuit, quod Gullkorn dicitur.

fugit. Propter quod Rex multos ex ipsis suspendi fecit, et magnam partem Norjutiæ tributo perpetuo, quod Gulkorn vocant, subjecit. Castra nova aedificavit etc.

Wir haben gesehen, wie die Continuatio keineswegs ein einheitliches Werk ist, wie sie mehreren Verfassern zugeschrieben werden muss, und auch darin gleicht sie den Ann. Lund. maj. Auch diese sind offenbar nicht von einem Verfasser aufgezeichnet, dafür zeugen die so verschiedenen Zeitpunkte, mit denen ihre Ableitungen abschliessen. Die früheste derselben war jedenfalls das Chron. Dan. ap. Lgb. III, 260. Es hatte eine nur bis 1219 reichende Vorlage.[1]) Dann kommen die Ann. Ry., in ihrer ursprünglichen Form bis 1261 reichend. Sie benutzten die inzwischen fortgesetzten Ann. Lund. maj. bis zu diesem Jahre, gegen das Ende hin spärlicher, dafür aber reichlich eigene Berichte einstreuend. Noch spärlicher war die Benutzung und noch reichlicher die eigenen Notizen in den letzten Jahren der Ann. Lund., welche in ihrer ältesten Gestalt mit den Ann. Ry. wahrscheinlich dieselbe bis 1261 gehende Redaction der Ann. Lund. maj. gebrauchten.[2]) Auch die Chronol. rer. memor. mag die Ann. Lund. maj. in dieser Ausdehnung gekannt haben.

Die nächste Fortsetzung reichte von 1262—1286. Aus

---

[1]) Vgl. oben S. 46 ff.   [2]) Vgl. oben S. 35.

ihr haben die Ann. Ry. in ihrem uns erhaltenen lateinischen Text von 1262—1288, die erste Fortsetzung der Ann. Lund. bis 1287 und die Chron. Sial. geschöpft; die beiden Erstern haben wieder eine Menge selbständiger Nachrichten eingefügt. Ob für Anon. Chron. Dan. ap. Lgb. IV. 225 und für den Anon. Nestved., die Beide mit dem Jahre 1300 abschliessen, auch ein Abschnitt zu setzen ist, scheint mir zweifelhaft, wohl aber ist ein solcher anzunehmen für das Jahr 1307, mit dem die Ann. Lund. enden, während mit dem folgenden Jahr die Continuatio beginnt. Von dem Verhältniss der noch weiter herabreichenden Aufzeichnungen ist schon eben die Rede gewesen; ich brauche hier nicht wieder darauf zurückzukommen.

So würde ein im ersten Viertel des 13. Jahrhunderts entstandenes Werk wenigstens vier Fortsetzungen gefunden haben, die es bis in das 14. Jahrhundert hineinführten. Da kann es denn nicht Wunder nehmen, wenn das Werk nicht immer denselben Charakter zeigt. Während es, ursprünglich als Weltchronik angelegt, die Verhältnisse der ganzen Christenheit, wenn auch nur flüchtig, berührte, wurde es nach und nach zu einem rein dänischen Geschichtswerke. Von 1287—1307 fehlt der Papstcatalog ganz, der sonst vor- und nachher mit grosser Regelmässigkeit eingetragen ist, ebenso die Notizen aus der französischen und englischen Geschichte und über die römischen Kaiser. Auch waren diese Fortsetzungen durchaus nicht alle gleich ausführlich in ihren Nachrichten. Jene von 1219—1286 scheinen am dürftigsten gewesen zu sein, denn in dieser Zeit verschwindet die gemeinsame Quelle am meisten. Bei einem Versuch, die Ann. Lund. maj. wieder herzustellen, würde diese Verschiedenheit deutlich hervortreten. Dazu kommt, dass gerade in diese Periode die meisten und selbständigsten Ableitungen fallen und durch ihre eigenthümlichen Zusätze die gemeinschaftliche Quelle verdunkeln. Das Auffälligste in diesem Verhältniss liegt nicht sowohl darin, dass ein Werk Grundlage für die Annalistik eines ganzen Landes wird, als vielmehr, dass auch die Fortsetzungen dieses Werks von den Fortsetzungen und Ueberarbeitungen seiner Ableitungen benutzt wurden, wie sich das für die Ann. Ry. und besonders für die Ann. Lund. ergiebt. Es lässt sich dafür wohl kaum ein Seitenstück in der historischen Literatur irgend eines Landes finden; aber die Beschaffenheit des uns erhaltenen Materials drängt auf eine solche Annahme hin. Allerdings muss zugestanden werden, dass bei der Art, wie uns dasselbe vorliegt, die Resultate nur auf relative Sicherheit Anspruch machen können, aber nachdem in den letzten Jahren auf deutschem Boden allein zwei für die dänische Geschichte so wichtige Funde gethan sind, von denen der eine erst Licht in die ganze dänische Annalistik brachte, darf man nicht die Hoffnung aufgeben, die jetzt noch nicht endgültig zu entscheidenden Fragen noch einmal vollständig klar gelöst zu sehen.

Es bleiben uns jetzt noch zwei Werke des 14. Jahrhunderts zu besprechen, die nicht ohne Zusammenhang mit einander sind: die Lundenser Erzbischofschronik und die Annales Danici ap. Lgb. VI, 532. Die Erstere ist von Usinger in seiner Arbeit unberücksichtigt gelassen.

3. Nicolai Archiepiscopi Lundensis Chronica Episcoporum Lundensium.

Sie wurde zuerst herausgegeben von Thomas Bartholinus, Kopenhagen 1709. Suhm's Ausgabe[1]) ist eine Wiederholung jener. Beide haben zwei Texte neben einander drucken lassen. Der Ausführlichere, aus einem Pergamentcodex der Bibliothek des Grafen Otto von Ranzau, ist überschrieben: „Ista infrascripta ad perpetuam rei memoriam collegit Dominus Nicolaus Archiepiscopus Lundensis Sueciae primas nomina Pontificum Sanctae Lundensis Ecclesiae, et quot annis sederunt et quod tria notabilia vel plura tempore cujuslibet in mundo acciderunt, ac illa de multis chronicis multo labore excopiatis acquisivit."

Der kürzere Text fand sich in einer Pergamenthandschrift der Kopenhagener Universitäts-Bibliothek und trägt eine ähnliche Ueberschrift, unter deren Abweichungen nur

---

[1]) Lgb., Scr. rer. Dan. VI, 623—638.

das bemerkenswerth ist, dass statt des Dominus Nicolaus der Reverendissimus Pater Dominus Tuvo Dei gratia Lundensis Archiepiscopus als Verfasser genannt wird. Eine Abschrift auf Papier, welche sich mit dieser letztern Handschrift in demselben Bande befand, schliesst sich auch im Text derselben an, nur dass auch sie in der Ueberschrift Nicolaus hat und einige kleine Aenderungen und Zusätze aus dem andern Text macht, so dass man mit ziemlicher Sicherheit annehmen kann, der Schreiber dieser Abschrift habe beide Texte vor sich gehabt. Die zweite der von Suhm collationirten Abschriften stimmt mit dem Ranzauischen Text überein.

Lappenberg giebt[1]) Notizen über eine Hamburger Handschrift, welche bis zum Jahre 1468 reichende Annalen enthält, die aus der Lundenser Erzbischofschronik geschöpft sind. Er hält einen Abdruck derselben nicht für nothwendig; es ist ihm aber entgangen, dass dieselben schon von Ludewig[2]) veröffentlicht sind. Diese Annalen sind ein Auszug der Chronik, wie sie in der Ranzauer Handschrift vorliegt, der alle ausländischen Nachrichten und speciell lundenser Angelegenheiten weglässt. Manche entstellende Fehler haben sich eingeschlichen. So heisst es zum Jahre 1189 für „cantus Daciane Ecclesie concordatus est" — „Kanutus Danicae ecclesiae" etc., 1294 für „quater ejectus est de regno" — „quatenus ejectus est" etc. Andererseits finden sich manche grobe chronologische Fehler der Ranzauer Handschrift bei Ludewig nicht wieder, ohne dass irgend etwas darauf hinweist, der Autor dieses Auszugs habe eine bessere Quelle zur Berichtigung jener Angaben benutzt. So ist das Jahr 1252 richtig auf den Tod Abels, nicht, wie in der Chronik auf den Erichs bezogen, das Concilium in Veile auf 1279 nicht fälschlich auf 1283 gesetzt. Ich glaube daraus den Schluss ziehen zu dürfen, dass eine Anzahl der groben chronologischen Fehler der uns erhaltenen Ranzauer Handschrift dem Abschreiber zur Last zu legen sind, nicht dem Verfasser.

---

[1]) Schlesw.-Holst.-Lauenbg. Archiv II, 209.   [2]) Reliq. manuscr. IX, 166—175.

Die beiden verschiedenen Texte geben zwei verschiedene Erzbischöfe als Verfasser an, die zeitlich ungefähr hundert Jahr von einander entfernt sind. Nicolaus bekleidete die erzbischöfliche Würde von 1361—1379, Tuvo von 1443—1472. Bartholinus hält in der Vorrede zu seiner Ausgabe[1]) den in der Ueberschrift zur Ranzauischen Handschrift genannten Nicolaus als Verfasser fest, und eine nähere Betrachtung des Textes kann seine Ansicht nur bestätigen. Unmittelbar nach Nicolaus Regierungszeit wird die Chronik nämlich ungemein dürftig, beschränkt sich für die zwei nächsten Erzbischöfe auf die Angabe ihrer Regierungszeit und ihres Todes. Auch die Notizen über die dann folgenden Erzbischöfe sind im Vergleich mit jenen vor Nicolaus sehr arm an allgemeinen Nachrichten, bis dann Tuvo's Episcopat zu einem Umfange anschwillt, wie keins seiner Vorgänger und so darauf hinweist, dass unter ihm sich ein Fortsetzer der angefangenen Arbeit fand. Den sichersten Beweis jedoch, dass dieser erste Theil der Chronik unter Nicolaus oder kurz nach ihm entstand[2]), liefern die Annales Danici ap. Lgb. VI, 532, welche ohne Zweifel in das letzte oder vorletzte Jahrzehnt des 14. Jahrhunderts zu setzen sind, und die in einer Reihe von Notizen von 1326—1366 unsere Chronik benutzt haben. So z. B. zum Jahre 1340

---

[1]) Mitgetheilt Lgb., Scr. rer. Dan. VI, 622.

[2]) Man muss es dahingestellt sein lassen, ob Nicolaus selbst der Verfasser war oder nur den Anlass gab zur Entstehung der Chronik. Für das Letztere scheint der Umstand zu sprechen, dass zu Anfang der Mittheilungen aus seiner Regierungszeit wie sonst gewöhnlich die Zahl seiner Amtsjahre angegeben wird; doch ist es andererseits, gegenüber dem ausdrücklichen Zeugniss der Handschrift, nicht unmöglich, dass dies ein späterer Zusatz ist.

Chron. Episc. Lund.	Ann. Dan. ap. Lgb. VI, 532.
Hujus (sc. Archiepiscopi Petri) tenpore sub a. D. 1309 ¹) Valdemarus quartus filius Christofferi rediens ab exilio habitis nupciis suis in Synderborg cum Helvige sorore Valdemari ducis Jucie, intravit Daciam circa pentecosten, qui ultimo tempore viriliter debellando omnes Hol-	1340. Tempore Domini Petri Archiepiscopi, Waldemarus quartus filius Christofori regis, rediens ab exilio, fecit nupcias cum filia ducis Juciae Waldemari, nomine Heylæwich in Sondræburgh, qui ejecit Holsatos, Alamannos et extraneos de regno viriliter.

satos, Alemannos, Suecos et quoscunque alios transiens de omnibus castris, municionibus a mari Adriatico (?) usque ad terminos Suecie ejocit a regno.

Ebenso leitet der Verfasser der Ann. Dan. die auch mit dem Chronikon genau übereinstimmende Mittheilung zum Jahre 1326 mit den Worten ein: „Tempore Domini Karoli Archiepiscopi." Diese doppelte Zeitbestimmung nach Jahren und zugleich nach den Regierungszeiten der Lundenser Erzbischöfe wäre jenem Annalenschreiber wohl nicht in den Sinn gekommen, wenn er nicht die Chron. Episc. Lund. vor sich gehabt hätte; das umgekehrte Verhältniss muss daher zurückgewiesen werden.

Ein zweiter Abschnitt der Chronik endet, wie schon erwähnt mit den Notizen aus Tuvo's Regierungszeit, 1443—1472. Jedenfalls lebte der Verfasser dieser Fortsetzung zu Tuvo's Zeit. Bartholinus nimmt an, dass es Tuvo selbst war, dass dieser das Werk des Nicolaus interpolirt und bis auf die eigene Zeit fortgesetzt habe. Bei dieser Annahme bleiben aber verschiedene Umstände unerklärt. Das unter dem Namen Tuvo's in der Kopenhagener Handschrift erhaltene Chronikon hat des Eigenthümlichen nur sehr wenig; es beschränkt sich auf einige Berichtigungen in Jahreszahlen, Verbesserungen von Namen und wenige unwesentliche Zusätze, dagegen sind die Nachrichten über das heilige Land, den Tod des Thomas von Canterbury und selbst eine Reihe von Mittheilungen aus der schwedischen und däni-

---

¹) Der Kopenhagener Text hat 1340. Uebrigens sind die Jahresangaben ausserordentlich corrupt. So findet sich bei der Eroberung Jerusalems durch die Christen MCXVIII höchst wahrscheinlich verschrieben für das allerdings auch nicht genaue MXCVIII. Vgl. oben S. 72.

schen Geschichte einfach weggelassen, das Uebrige wörtlich abgeschrieben. Dieses Verhältniss herrscht nicht bloss im ersten, sondern auch im zweiten von Bartholin dem Tuvo zugeschriebenen Theil, denn von 16 nicht Schonen betreffenden Nachrichten, die von Magnus bis Tuvo, 1379—1472, in der Ranzauer Handschrift mitgetheilt werden, finden sich im andern Text nur vier, wogegen dieser nur eine einzige Nachricht eigenthümlich und eine Mittheilung aus Schonen ausführlicher hat. Bartholins Ansicht fordert also die Annahme, dass ein Zeitgenosse Tuvos, vielleicht um Nicolaus Werk in der angefangenen Weise fortzusetzen, die Fortsetzung Tuvo's genommen und dieselbe nach Art des ersten Theils der Chronik mit mehr historischen Notizen versehen habe. Das Verhältniss zwischen den beiden Texten der Chronik würde auf diese Weise ein wechselndes: für den ersten Theil bis auf Nicolaus würde der Ranzauische, für den zweiten Theil von Nicolaus bis auf Tuvo der Kopenhagener Text die Grundlage bilden. Viel natürlicher scheint es mir, das einheitliche Verhältniss festzuhalten. Nicolaus Chronik fand eben zur Zeit Tuvo's einen Fortsetzer, und aus dem so entstandenen Werke machte dann Tuvo einen Auszug oder liess einen daraus anfertigen, den er mit seinem Namen versah und wie Nicolaus' Arbeit als „diversis chronicis acquisitum" bezeichnete. Die „diversa chronica" würden dann allerdings nur spärliche Notizen geliefert haben.

Dass die Chronik in dieser zweiten Redaction aus Tuvos Zeit herrührt, darüber kann kein Zweifel sein. Ausser dem Zeugniss der Handschrift selbst (und den für Tuvos Zeit plötzlich so ausführlich werdenden Mittheilungen sprechen dafür noch verschiedene kleinere Umstände. Die Regierungsdauer Tuvos wird nicht, wie sonst immer, am Anfang der Mittheilungen aus seinem Episcopat angegeben, sondern am Ende, und dort sind dann zu seiner Todesnachricht im Kopenhagener Text, eben dem von ihm nach der dargelegten Auffassungsweise veranlassten, die Worte hinzugefügt: „cujus anima in perpetua pace requiescat. Amen", ein Zusatz, der sich vorher nie findet. Auch hier wird er wie in der Ueberschrift als „Reverendissimus Pater" bezeichnet, was

nur noch bei seinem Nachfolger geschieht, über den die
Notizen auch gleichzeitig eingetragen wurden. Dazu kommt
noch, dass jene oben[1]) besprochenen Annalen bei Ludewig,
die ein Auszug aus der Lundenser Erzbischofschronik sind,
mit eben dem Jahre endigen, zu welchem die letzte Notiz
aus Tuvo's Regierungszeit angeführt wird, mit 1468. Darnach glaube ich denn, dass die Abfassung dieser Fortsetzung
in die Jahre 1469—1471 zu setzen ist, und dass kurz nachher auch jener Auszug entstand, den wir unter Tuvo's
Namen besitzen.

Die weiteren Fortsetzungen der Chronik, dem Inhalt
nach weit weniger wichtig, erstrecken sich nur noch auf
zwei Erzbischöfe und sind in der Kopenhagener Handschrift
ohne Zweifel für jeden der beiden Erzbischöfe von einem
Zeitgenossen niedergeschrieben, denn der Erzbischof Brostorp, dessen Thätigkeit von seinem Biographen mit Anerkennung besprochen wird (auch bei ihm wird mit dem Satze
„cujus anima in perpetua pace requiescat" geschlossen und
er selbst „Reverendissimus pater" genannt), erfährt von dem
Verfasser der Notizen über das Leben Birgers scharfen
Tadel. Vielleicht Erzbischof Birger selbst, jedenfalls ein
Anhänger und Verehrer desselben, hat dann in der Ranzauer
Handschrift die kurzen Notizen über die beiden letzten Erzbischöfe hinzugefügt.

Was die Quellen unserer Chronik anbetrifft, so sagt der
Verfasser selbst, dass er aus „vielen Chroniken" geschöpft
habe. Er hat zu der Regierungszeit jedes Erzbischofs die
wichtigsten Thatsachen berichten wollen und hat dieselben
wirklich, wie es scheint, aus verschiedenen Quellen compilirt. Ein constantes Verhältniss findet sich nicht. Für die
Nachrichten, welche nicht, wie die Berichte über Angelegenheiten des Lundenser Erzbisthums, vollkommen eigenthümlich sind und sich sonst nirgends wiederfinden, scheint er
sich bald dieser, bald jener Vorlage angeschlossen zu haben.
Einige Nachrichten weisen deutlich auf die Ann. Ry. hin,
so der Bericht über die Schlacht bei Fodvig 1135, andere

---
[1]) S. 72.

auf die Ann. Lund., wie die Nachricht von der Gründung des Erzbisthums Lund, von der Vacatio des römischen Stuhls nach dem Tode Clemens IV., von der Ermordung Erichs und Abels[1]), wieder andere auf die Chronol. rer. memor., wie schon bei anderer Gelegenheit erwähnt wurde.[2]) Der Bericht über die Ermordung Erich Glippings zeigt am meisten Verwandtschaft mit dem Chron. ap. Lgb. II, 169, und so würden sich noch eine Reihe anderer Anklänge ohne grosse Schwierigkeit nachweisen lassen. Einige Nachrichten enthalten durchaus eigenthümliche und richtige Zusätze, wie z. B. die über den Einfall des Jarmarus von Rügen in Seeland 1259, andere dagegen sind sehr entstellt, so die Erzählung über die Ermordung Knuts und Constantins durch Sveno[3]) zu Roeskilde 1156. Knut und Constantin werden dort Brüder Svens genannt.

Ausser den Lundenser und Schoninger Angelegenheiten, die der Verfasser mit Umständlichkeit aber nicht gerade mit grosser chronologischer Genauigkeit erzählt, hat er auch noch über die Schlacht bei Bornhöved, 1227, einen eigenthümlichen Bericht, der sich in keiner frühern, uns erhaltenen Quelle wiederfindet, und, wenigstens in seinem letzten Theile, vielleicht auf Ueberlieferung beruht. Von der Zeit Christophs II. (1319—1326 resp. 1332) an verschwindet jeder Anklang an uns bekannte Quellen, mit Ausnahme jener, welche aus unserer Chronik geschöpft haben. Mir scheint es wahrscheinlich, dass diese Nachrichten von Nicolaus selbst oder von einem Cleriker seiner Kirche aus der Erinnerung aufgezeichnet wurden. Dadurch würden sich dann die groben chronologischen Fehler aus der Zeit Christophs II. und des Interregnums einigermassen erklären. Christophs Vertreibung wird z. B. in das Jahr 1323 statt

---

[1]) Bei diesen beiden letzten Nachrichten hat sich der Verfasser arge Entstellungen zu Schulden kommen lassen. [2]) S. 51 ff.
[3]) Schon hier heisst Sveno: „Sven Grathe." Suhm irrt also, wenn er Hist. af Danm. VI, 288 sagt, dass Magnus Matthiae im 16. Jahrhundert zuerst diesen Beinamen gebraucht habe, und ebenso Dahlmann, Gesch. Dänemarks I, 275.

1326 gesetzt, die Occupation Schonens durch Magnus von Schweden auf Veranlassung des Erzbischof Karl und der Schoninger auf 1326 statt 1332. Auch für Waldemars Zeit finden sich noch derartige Fehler. So ist Waldemar Atterdags Pilgerfahrt nach dem heiligen Lande auf 1345 statt 1347, die Gefangennahme Magnus' von Schweden durch Albrecht von Meklenburg bei Eneköping auf 1364 statt 1365 verlegt. Sachlich sind aber diese Nachrichten durchaus zuverlässig.

Fassen wir dieses zu einem Endurtheil zusammen, so muss man sagen, dass zwar eine Bekanntschaft mit einigen der uns erhaltenen Quellen, wie mit den Ann. Lund. und der Chronol. rer. memor., anzunehmen ist, dass aber jene sporadischen Anklänge an eine Reihe anderer, unbedeutender Aufzeichnungen und einige durch Zusätze eigenthümliche Berichte einer Benutzung der Ann. Lund. maj. zuzuschreiben sind. Offenbar aber sind diese nicht die alleinige Quelle gewesen. Der Verfasser hat wirklich ausgeführt, was er in der Vorrede sagt, seine drei oder mehr Nachrichten zu jedem Erzbischof aus verschiedenen Werken zusammengesucht, die letzten jedoch aus eigener Erfahrung niedergeschrieben.

Die Fortsetzung liefert, abgesehen von Lundenser Erzbisthumsnachrichten und der Vermählung des Königs Erich des Pommern, Nachrichten zur nordischen Geschichte erst wieder von der Abdankung Erichs und der Thronbesteigung Christophs von Bayern (1440) an. Von da bis zum Jahre 1468 werden dann ziemlich ausführliche und genaue Nachrichten gegeben. Sie sind selbständige und zeitgenössische Aufzeichnungen. Die weitere Fortsetzung bis zum Ende des 15. Jahrhunderts ist fast ohne historische Bedeutung, beschäftigt sich nur mit ziemlich unwichtigen Angelegenheiten der Erzbischöfe.

In engster Beziehung zu der Chron. Episc. Lund. steht

4. Anonymi Chronikon Danicum a. a. 1274 usq. a. a. 1497.

Es ist gedruckt bei Ludewig[1]) und Langebek.[2]) Usinger[3]) hat dasselbe in seinem ersten Theil für einen Auszug der Annales Lundenses erklärt; für die Zeit nach 1308 weiss er keine Quelle anzugeben. Hauptquelle neben den Ann. Lund. ist für das Chron. Dan. die Chron. Episc. Lund. gewesen und zwar gleich von vornherein; nach 1308 bildet sie ganz allein die Vorlage desselben. Die vier ersten Nachrichten sind dieser Chronik entnommen. Die sonst nirgends so sich wiederfindende Nachricht zu 1277 und der gleiche Fehler zu 1283 beweisen dies deutlich. Die Notiz über das Concilium in Veile wird später noch einmal nach den Ann. Lund. mit dem richtigen Jahre 1279 gebracht. Zwischen die dann folgenden Mittheilungen bis 1308 finden sich auch noch einzelne Notizen aus der Chronik eingestreut, so zu den Jahren 1286, 1290, 1302, 1303, 1305 und besonders 1308. Von da an bildet dann die Chron. Episc. Lund. die alleinige Quelle, ist aber, wie auch vorher die Ann. Lund., ausserordentlich schlecht benutzt, so dass Usinger den Auszug mit Recht dürr und fehlerhaft nennt. Derselbe schliesst sich an den Text der Ranzauer Handschrift an, macht aber von 1345—1467 einen grossen Sprung über alle zwischenliegenden Nachrichten. Was über den letzten Erzbischof Johannes Brostorp, 1472—1497, gesagt wird, ist offenbar Aufzeichnung eines Zeit- und Gesinnungsgenossen seines Nachfolgers Birger, dessen Verdienste hervorgehoben werden, und ist mit Weglassung aller Zeitangaben, wie es scheint aus der Erinnerung, aufgeschrieben. Diese Notizen und einige kirchliche Verhältnisse betreffende, chronologisch fehlerhafte Mittheilungen über die Zeit des Erzbischofs Karl, 1325—1334, sind die einzigen selbständigen Nachrichten; der historische Werth der ganzen Aufzeichnung ist daher ziemlich gering.

---

[1]) Rel. manuscr. IX, 158—165. [2]) Scr. rer. Dan. V., 624—628.
[3]) a. a. O., S. 98.

5. Annales Danici a. a. 1316 usq. a. a. 1389.

Sie sind herausgegeben von Suhm[1]) nach einer Abschrift eines Papiermanuscripts der königlichen Bibliothek zu Kopenhagen. Sie haben besonders für die achtziger Jahre des 14. Jahrhunderts grössere Wichtigkeit, denn für diese geben sie ausführlichere und offenbar zeitgenössische Nachrichten. Dass der mittlere Theil dieser Annalen aus der Chron. Episc. Lund. stammt, habe ich schon oben[2]) bei Besprechung dieser nachgewiesen. Die richtige Nachricht des Jahres 1329 findet sich, doch nicht wörtlich, in dem sogenannten Compendium des Thomas Geysmer[3]) wieder und zwar so, dass sie diesem wohl entnommen sein könnte. Da aber nur diese eine Uebereinstimmung zwischen beiden Werken vorhanden ist, so bleibt es jedenfalls zweifelhaft, ob man dieselben desshalb in Verbindung mit einander setzen darf. Woher die Nachrichten vom Jahre 1316 (eigentlich 1317, denn die Gefangennahme Waldemars und Erichs durch ihren Bruder Birger von Schweden geschah erst im December dieses Jahres) bis 1323 genommen sind, weiss ich nicht anzugeben. Grösstentheils finden sie sich auch in der Contin. Chron. Sial. und in schwedischen Annalen, aber die Ann. Dan. ap. Lgb. VI, 532 haben sie doch mit so eigenthümlichen Zusätzen, dass man sie kaum aus jenen Quellen herleiten kann. Von 1360 an beginnen die selbständigen Aufzeichnungen des Verfassers, doch benutzt er zu 1364 und 1366 offenbar noch einmal die Chron. Episc. Lund. Dass der Verfasser ein Cleriker der Lundenser Kirche war, vermuthet schon Suhm.[4]) Die zahlreichen Nachrichten über die Erzbischöfe und die Kirche von Lund und über Schonen lassen dies zweifellos. Man vergleiche nur die Jahre 1316—1323, die nur über Schonen berichten, ferner 1325, 1355, 1379, 1382 bis 1386.

So liegt auch noch im 14. Jahrhundert der Mittelpunkt der dänischen Geschichtsschreibung in Lund. Am Sitze des

---

[1]) Lgb., Scr. rer. Dan. VI, 532.   [2]) S. 73 ff..   [3]) Lgb., Scr. rer. Dan. II, 391.   [4]) Lgb., Scr. rer. Dan. VI, 532.

Erzbisthums war es eben leichter, intime Beziehungen mit allen Theilen des Reichs zu unterhalten, als an irgend einem andern Orte.

6. Compendium Historiae Danicae des Thomas Geysmer.

Es ist herausgegeben von Langebek.[1]) Velschow[2]) und nach ihm Usinger[3]) haben dasselbe wohl mit Recht als ein schon vor Thomas Geysmer bestehendes Werk hingestellt, dass von diesem in sein grosses Sammelwerk, „Compendium" genannt, aufgenommen wurde. Den dort angeführten Gründen kann kaum noch Etwas hinzugefügt werden. Usinger hat auch schon hervorgehoben, dass der vom Verfasser benutzte Text der Ann. Ry. der war, welcher uns in dänischer Uebersetzung erhalten ist. Einzelne Stellen weisen ausserdem auf die Chron. Sial., wie z. B. einige Notizen zu der Ermordung des Erich Plogpennig 1250, und auf die Ann. Lund. hin, wie die Niederlassung der Minoriten-Mönche in Lund 1237. Doch können diese kleinen Notizen dem Verfasser auch auf anderem Wege zugekommen sein. An einigen Stellen scheint das Compendium wirklich ursprünglichere Berichte bewahrt zu haben, als die Ann. Ry., so z. B. in dem schon S. 65 angeführten Bericht über die Schlacht auf der Loheide, dann über die Ermordung Erich Glippings und ihre Folgen. Diesen letztern hat es mit dem noch zu besprechenden Chron. Dan. ap. Lgb. V, 528 gemein, und zwar scheinen mir beide Stellen ohne directe Beziehung zu einander zu sein.

Die Hauptbedeutung des Werks beruht auf den Nachrichten aus der Zeit Erich Menveds, Christophs II. und der deutschen Fremdherrschaft, 1286—1340. Hier wird es nach und nach vollkommen selbständig und bringt z. B. über den Familienzwist zwischen König Birger von Schweden und seinen Brüdern Erich und Waldemar und über die Theilnahme der Dänen daran so ausführliche und wahrheitsge-

---

[1]) Scr. rer. Dan. II, 287—400. [2]) Ausgabe des Saxo Grammaticus von Müller-Velschow, Band 2, LXXXVII ff. [3]) a. a. O., S. 89 ff.

treue Nachrichten, wie wir sie sonst nirgends in dänischen Geschichtswerken dieses Jahrhunderts finden. Es bildet hier, wie auch zur Geschichte Christophs II. eine treffliche Zugabe und Ergänzung zu der Contin. Chron. Sial., deren Nachrichten durch das Compendium bestätigt werden. Nur einmal stehen beide in einem scharfen Widerspruch, für dessen Lösung es sehr erwünscht wäre, wenn man mit Gewissheit nachweisen könnte, dass, wie Usinger will, die Abfassung unseres Werks ins Jahr 1342 zu setzen ist. Der Verfasser setzt nämlich mit Detmar den Tod des Niels Ebbeson, des Mörders Gerhards von Holstein, und also auch die Schlacht bei Skanderborg in dasselbe Jahr mit der Ermordung Gerhards, also 1340, während die Continuatio und alle späteren dänischen Quellen die Schlacht bei Skanderborg zum Jahre 1342 erzählen. Suhm[1]) folgt der letzten Nachricht; Gründe dafür giebt er nicht in zureichender Weise. Es lässt sich nicht mit Gewissheit feststellen, wann die Schlacht stattfand. Schrieb der Verfasser des Compendiums wirklich 1342, so dürfen wir sicher annehmen, dass er recht berichtet, denn er würde als Zeitgenosse eine Begebenheit von solcher Bedeutung nicht zum Jahre 1340 erzählen, wenn sie erst 1342 stattfand. Umgekehrt, geschah die Schlacht wirklich am 2. November 1342, so dürfen wir mit Sicherheit schliessen, dass der Verfasser eine ziemliche Zeit später schrieb und irgend ein anderer Grund ihn veranlasste, sein Werk so plötzlich abzubrechen. Eben dies auffallende plötzliche Abbrechen führt auf die Vermuthung, dass der Verfasser Zeitgenosse war; in diesem Falle wäre seinem Berichte trotz der entgegenstehenden Zeugnisse zu glauben.

Das Compendium des Thomas Geysmer ist jedenfalls ein in Dänemark sehr verbreitetes Werk gewesen. Petrus Olai, der gegen Ende der ersten Hälfte des 16. Jahrhunderts schrieb, benutzt dasselbe als Hauptquelle und citirt es als Chronicon vulgare.[2])

Es bleibt noch eine dänische Quelle des Mittelalters zu besprechen, das Chronicon Danicum von 1241—1410 ap.

---

[1]) Hist. af Danm. XIII, 52. [2]) Lgb., Scr. rer. Dan. I, 130 u. 132.

Lgb. V, 528. Dieses Chronikon ist in doppelter Hinsicht interessant. Einmal, und darauf hat schon Usinger[1]) hingewiesen, ist das in Thomas Geysmer's Compendium abgedruckte Geschichtswerk benutzt. Könnte man nun nachweisen, dass unser bis 1410 reichendes Chronikon vor 1431 abgefasst sei (in diesem Jahre wurde das Compendium nach dem Zeugniss des Schreibers vollendet[2]), so würde damit dargethan sein, dass Thomas Geysmer selbst jene Historia Danica nicht abgefasst hat. Leider ist die Aussicht darauf sehr gering. Wir werden gleich sehen, dass im Chron. Dan. ein Geschichtswerk benutzt ist, das bis 1415 reicht und möglicherweise erst um die Mitte des Jahrhunderts abgefasst wurde. Zweitens aber zeigt das vorliegende Chron. Dan. eben durch seine Beziehung zu dem eben erwähnten, bis 1415 gehenden Geschichtswerk eine so grosse Verwandtschaft mit den schwedischen Annalen und Chroniken, dass man es ebensogut zu diesen wie zu den dänischen rechnen könnte. Der ganze zweite Theil vom Ende des 13. Jahrhunderts an bringt fast ausschliesslich schwedische Nachrichten, ruht auf einer schwedischen Quelle, was Usinger übersehen hat. Und so bildet denn dieses Chronikon den Uebergang zu der schwedischen Annalistik, die in so enger Beziehung zur dänischen steht, dass sie verdient, bei einer Besprechung dieser nicht unberücksichtigt gelassen zu werden.

7. Chronicon Danicum a. a. 1241 usq a. a. 1410.

Es wurde zuerst herausgegeben von Ludewig[3]) nach einem wahrscheinlich 1728 auch mit untergegangenen Kopenhagener Codex und nach dieser Ausgabe wiederholt von Suhm[4]). Schon Ludewig spricht in der Einleitung[5]) die Vermuthung aus, dass der Autor dieser Compilation kein Däne gewesen sei. Suhm weist dieselbe zurück und stützt sich darauf, dass zum Jahre 1252 dem Verfasser statt des

---

[1]) a. a. O, S. 93.   [2]) Lgb., Scr. rer. Dan. II, 400.   [3]) Reliq. manuscr. IX, 79—90.   [4]) Lgb., Scr. rer. Dan. V, 528—534.
[5]) a. a. O., S. 14.

lateinischen „in" ein dänisches „til" entschlüpft sei. Aber dieses „til" (altschwedisch wie noch jetzt im Dänischen mit einem l geschrieben) kann doch auch von einem Schweden herrühren, und dass ein Schwede Verfasser oder vielmehr Compilator dieser Chronik war, das beweist deutlich die heftige Feindschaft, welche derselbe gegen die Dänen zeigt, und das Bedauern, dass er über die Wahl Albrechts von Meklenburg zum Könige von Schweden ausspricht, abgesehen davon, dass, wie schon erwähnt, von 1300 an nur schwedische Nachrichten mitgetheilt werden. Um den Verfasser als Schweden zu erkennen, lese man nur die Nachrichten zu den Jahren 1360 und 1363.

Neben dem Unterschiede im Inhalt, der die Jahre von ungefähr 1300 an, wie schon gesagt, deutlich von den voraufgehenden scheidet, ist noch ein durchgreifender Gegensatz darin zu erkennen, dass im ersten Theil eine der umfassendsten Compilationen vorliegt, die wir überhaupt aus dieser Periode besitzen, im zweiten Theil dagegen nur eine Quelle und zwar mit grosser Treue benutzt ist. Ludewig und Suhm sind wahrscheinlich gerade dadurch veranlasst worden, auf die Möglichkeit aufmerksam zu machen, dass mehrere Autoren an dem Chronikon gearbeitet hätten. Aber ich glaube doch, dass es von einem Verfasser herrührt, da sich einige Nachrichten, die jener im zweiten Theil benutzten einheitlichen Quelle angehören, schon in den ersten Theil hinein verloren haben, so zu den Jahren 1241 und 1287, andererseits aber zum Jahre 1332 noch einmal eine Notiz aus Thomas Geysmer auftaucht. Auch die Annahme, dass zwei selbständige Werke, das eine eine Compilation, das andere ein Auszug, zusammengefügt worden seien, wird kaum zulässig sein, da jene dem Auszug angehörenden Nachrichten im ersten Theil nur in Verbindung mit den ihnen vorhergehenden und der Compilation zuzurechnenden Mittheilungen niedergeschrieben werden, auf keinen Fall jedoch den Anfang einer historischen Aufzeichnung bilden konnten.

Was nun den ersten Theil anbetrifft, der nur Nachrichten aus der dänischen Geschichte bringt, so ist es unmöglich, denselben gänzlich aufzulösen und auf uns bekannte Quellen zurückzuführen. Es finden sich eine Menge von Nachrichten allein hier und sind von hier oder aus der unbekannten Quelle unserer Compilation in die Werke des Petrus Olai, Hamsfort und Hvitfeld übergegangen. Und zwar sind es vollkommen zuverlässige Nachrichten, die unser Chronist bringt und die beweisen, dass ihm gute Quellen zu Gebote standen. Als Beleg dafür führe ich die Jahre 1252, 1256, 1258, 1259, 1266, 1267 an.[1]) Der Bericht über die Einführung des Ordens der heiligen Clara in Dänemark (1259) steht allerdings auch in der Historia fratrum Minorum[2]) und sogar mit einem Zusatz. Aber diese Geschichte der Franciskaner gehört der ersten Hälfte des 16. Jahrhunderts an, und jene Notiz ist offenbar unserm Chronikon entnommen, denn sie ist dort gänzlich zusammenhangslos angehängt, der Zusatz aber aus der Historia selbst[3]) wiederholt. Woher der Chronist die Nachricht nahm, weiss ich nicht anzugeben.

Man könnte geneigt sein, zu glauben, die Ann. Lund. maj. seien die Quelle für jene Mittheilungen gewesen, aber dagegen sprechen verschiedene Gründe. Zunächst weist der Verfasser, wie auch Usinger[4]) hervorhebt, selbst darauf hin, dass er mehrere Quellen vor sich hatte, durch die Bemerkungen: „plura nunc habentur alibi" (1241), „et scribitur alibi" (1259), „secundum vero alios" (1259) u. s. w. Die letzte dieser Bemerkungen scheint auf Anonymi Chronicon Danicum ap. Lgb. IV, 225 hinzuweisen, denn unter allen uns erhaltenen Quellen wird nur dort erzählt, dass Christoph I. (1252—1259) durch Gift gestorben sei. Die den Worten „et scribitur alibi" hinzugefügte Nachricht, dass Christoph aus dem Reiche vertrieben worden sei, findet sich in keiner uns erhaltenen Quelle und scheint mir auf einer Verwechslung mit Christoph II. zu beruhen, die dann nach unserm Chronikon auch Petrus Olai sich zu Schulden kommen

---

[1]) Die Jahreszahlen sind in dem Chronikon offenbar sehr corrumpirt, theils nicht in die richtige Ordnung gesetzt, theils überhaupt falsch.
[2]) Scr. rer. Dan. V, 528. [3]) Scr. rer. Dan. V, 512.
[4]) a. a. O., S. 98.

lässt.¹) Auch der Umstand, dass der Chronist bisweilen mehrere verschiedene Berichte über dieselbe Begebenheit unvermittelt neben einander stellt, beweist deutlich, dass er mehrere Quellen ausschrieb. Besonders schlagende Beispiele der Art sind die Doppelberichte über die Anwesenheit des Legaten Guido in Dänemark (1266) und das von ihm verhängte Interdict und über die Gefangennahme des Erzbischofs Jacobus Erlandi (1259). Unter diesen Umständen glaub' ich auch, dass die Uebereinstimmungen, welche sich fast mit allen uns erhaltenen dänischen Annalen und Chroniken finden, wenigstens zum Theil ihren Grund darin haben, dass dieselben direct vom Verfasser benutzt sind. Solche besonders auffallende Uebereinstimmungen finden sich ausser der schon erwähnten noch mit den Annales Danici ap. Lgb. IV, 22 zum Jahre 1253 (statt 1263) und 1256 (statt 1266) über den Eintritt der Töchter König Erich Plogpennigs ins Kloster Roeskild, mit Thomas Geysmer besonders zum Jahre 1252, denn die Uebereinstimmungen zu 1287 und 1332 sind der Art, dass sie sich ebensogut, wenn nicht besser, aus einer gemeinschaftlichen Quelle erklären lassen. Ausserdem finden sich noch mehr oder weniger grosse Annäherungen an die Ann. Lund. (1274 und 1286), Ann. Ry. (1241, 1260, 1266), an die Chron. Sial. (1266, 1268), an Anon. Chron. Dan. ap. Lgb. IV, 225 (1272), an die Chronol. rer. memor. (1268, 1270, 1274, 1276, 1280), an den Anon. Nestved. (1252), an diesen und das Chron. ap. Lgb. II, 169 (1290 ff.), die zum Theil wohl ihren Grund in der Bekanntschaft mit diesen Werken haben, zum Theil aber doch wohl auf die Benutzung derselben Quelle zurückzuführen sind. Diese hat zwar nicht alle Nachrichten geliefert, aber andererseits würde man auch zu weit gehen mit der Annahme, dass der Chronist die ganze Reihe der oben angeführten Werke vor sich gehabt und bald hier bald dort eine Notiz herausgenommen habe. Dabei würden

---

¹) Lgb., Scr. rer. Dan. I, 186. Petrus Olai führt Albertus Krantz als seinen Gewährsmann dafür an; aber dieser weiss Nichts von einer solchen Vertreibung.

dann noch eine Menge grösserer und kleinerer Zusätze unerklärt bleiben. Vorzüglich scheinen mir einzelne ausführliche Berichte, die sich in diesem Chronikon erhalten haben, deren Einzelheiten aber fast sämmtlich bruchstückweise in andern Aufzeichnungen sich wiederfinden, darauf hinzuweisen, dass unser Chronist die Ann. Lund. maj. benutzte und sie an einigen Stellen am treusten erhalten hat. So giebt er zum Jahre 1259 sowohl über den Einfall des Fürsten von Rügen wie über die Gefangennahme des Erzbischof Jacob allein einen vollständigen, sachgemässen Bericht. Ich setze den erstern her: „Jarimarus, Princeps Rugianorum, devastavit Sielandiam in bona parte, et fecit magnam stragem rusticorum juxta Nestued, et illud oppidum cepit procurante Petro Bang, Episcopo Rueschyldensi, nepote ejusdem Archiepiscopi, et occisa sunt tria millia hominum forte ex parte Slauorum, et forte Bandonum Gundonum" (?). Man vergleiche damit folgende Notizen:

Ann. Ry.	Chr. Sial.	An. Nestv.	Chr. Dan. II, 433.	Ann. Ld.	Chr. Episc. Lund.
1259. Jarmarus Princeps Rujanorum magnam partem Sialandiae vastavit. 1260 Jarmarus fecit stragem magnam rusticorum apud Nestwith	1259. bellum fuit apud Naestwaeth inter rusticos et Jarmer	1259. Jarmarus occupavit Sialandiam quinta die Paschae ...... Strages bondonum fuit juxta Nestweth in festivitate S. Basilii in mane.	1259. Bellum fuit Nestvid.	1259. et bellum fuit Næstwic.[1]	(Lgb. VI, 626). Jarmarus princeps Ryanorum Selandiam devastavit procurante Petro Bongh Episcopo Roschyldensi nepote ejusdem sub a. D. 1259.

Jenen ersten Bericht aus diesen zusammenzustellen ist, wie man sieht, unmöglich, wohl aber können wir die letztern aus einer Aufzeichnung herleiten, die uns im Chronikon an dieser Stelle ziemlich gut erhalten ist. Nur der Anon. Nestved. weicht ab und zeichnet sich durch besondere Genauigkeit aus, aber das kann bei der Localität der erzählten Begebenheit schwerlich auffallen.

Ein ähnliches Verhältniss wird man finden, wenn man

---

[1]) Die Ann. Lund. bei Lgb. haben: „1260. Bellum fuit in Næstweth."

den Bericht zu den Jahren 1284 und 1286 über die Gefangennahme Waldemars von Schleswig und die Ermordung Erich Glippings vergleicht mit den lateinischen und dänischen Ann. Ry., dem Chron. ap. Lgb. II, 169, den Ann. Lund., dem Compendium des Thomas Geysmer, der Chron. Episc. Lund., dem Anon. Chron. Dan. ap. Lgb. IV, 225, dem Chron. Dan. ap. Lgb. II, 433 und dem Anon. Nestved., dann bei dem Berichte zum Jahre 1253, wo die Ann. Lund. dem in unserm Chronikon gegebenen Text am nächsten stehen. Hier findet sich die merkwürdige Uebereinstimmung zwischen der Chron. Sial. und den Ann. Ry., auf die wir schon oben[1]) aufmerksam machten; auch zwischen den Ann. Ry. und dem Anon. Chron. Dan. ap. Lgb. IV, 225 ist uns eine solche aufgestossen[2]). Man könnte derartige Fälle noch mehrere aufzählen; sie finden sich in ziemlicher Anzahl vor wie nach 1245. Um sie zu erklären, liegt die Annahme einer andern Quelle mit kurz gefassten Notizen neben den Ann. Lund. maj. nahe. Dagegen scheint mir aber die Erscheinung zu sprechen, dass solche genaue Uebereinstimmungen sich zwischen allen Aufzeichnungen finden, die den Ann. Lund. maj. Nachrichten entnommen haben. Man würde nicht zwei zusammenstellen können, zwischen denen sie sich nicht mehrere Male nachweisen liessen; und zwar ist dies Verhältniss durchaus kein constantes; bald stimmen diese bald jene mit einander überein. Man müsste also annehmen, dass neben den Ann. Lund. maj. noch eine andere Aufzeichnung hergelaufen habe, die nur dürftige Notizen bot und wie jene von Allen benutzt wurde. Ich glaube kaum, dass wir zu einer solchen, etwas unwahrscheinlichen Annahme genöthigt sind. Einmal sind jene gleichklingenden kurzen Notizen vorzugsweise der Art, dass sie in so kurzen Annalen eine mehr oder weniger stereotype Form annehmen mussten, wie z. B. Todesfälle, Erzbischofs- und Bischofswechsel, Schlachten u. a. m., dann aber haben wir uns die Ann. Lund. maj. auch nicht als ein Werk zu denken, das den Begebenheiten durchweg mit der Genauigkeit folgte,

---

[1]) S. 14.   [2]) s. oben, S. 57.

wie es etwa in den letzten Jahren der Continuatio geschieht. Sie haben gewiss wie auch dieses zeitgenössische Werk eine Menge einfacher, kurzer Notizen gehabt, ja manchmal sind ganze Abschnitte wohl nur so behandelt worden. Als Beispiel, wie eine kurze Grundlage derartige Aehnlichkeiten wohl hervorrufen konnte, mögen die auf Seite 24 citirten vier Berichte des Jahres 1273 mit dem unseres Chronikons verglichen werden: „Rex Ericus duxit uxorem filiam Marchionis de Brandenburg Agnetam nomine." Die zu Anfang erwähnten besonders auffallenden Uebereinstimmungen würden sich ja auch allenfalls durch die Annahme erklären lassen, dass die für die beiden Ann. Ry. nachgewiesene gemeinschaftliche Grundlage auch von der Chr. Sial. und dem Chron. Dan. benutzt worden sei.

Was den zweiten Theil des Chron Dan. ap. Lgb. V, 528 betrifft, so ist er mit Ausnahme des Jahres 1332 ein blosser Auszug aus der Chronol. anonymi veteris rer. Danic. et Suecic. ap. Lgb. I, 387, der sich den meisten Nachrichten seiner Vorlage wortgetreu anschliesst. Diese Chronologie geht bis 1415, also weiter als unser Chronikon. Dass das Verhältniss aber nicht umgekehrt ist, kann man mit Sicherheit aus der Art und Weise erkennen, wie im Chronikon unterm Jahre 1304 die ausführlichen Nachrichten der Chronologia von 1304—1321 zusammengezogen sind. Abgesehen von dieser Stelle ist die Chronologie auch sonst ausführlicher.

Ohne Zweifel ist also die Entstehung des Chron. Dan. ap. Lgb. V, 528 über das Jahr 1415 hinaus zu setzen, um wie lange, hängt von der Abfassungszeit einer andern, überwiegend schwedischen Chronologie ab, die wir im Zusammenhang mit den übrigen schwedischen Annalen und Chroniken in einem dritten Abschnitte zu betrachten haben.

III.
Die schwedischen Chronologien des Mittelalters und ihre dänischen Nachrichten.

Die schwedische Annalistik zeichnet sich ebensowenig wie die dänische durch Reichhaltigkeit aus; eine bedeutende Rolle spielen dort wie hier zusammenhängende Darstellungen. Zwar haben die Schweden für ihre ältere Geschichte keinen Saxo gehabt, aber dafür besitzen sie treffliche Quellen für die späteren Zeiten des Mittelalters, die Reimchronik, die Chronica des Ericus Olai. Auch haben sie schon früher als die Dänen an Olaus Petri ihren Hvitfeld gefunden. Wie aber diese Geschichtsschreiber für die ältere Geschichte ihres Volks zu fremden Quellen ihre Zuflucht nahmen, unter denen Saxo obenan steht, so ruht auch die schwedische Annalistik auf der dänischen, ist gleichsam aus ihr erwachsen. Bis zum Ende des 12. Jahrhunderts bringen die meisten schwedischen Annalen überwiegend, ja fast ausschliesslich dänische Nachrichten, im 13. Jahrhundert wechseln schwedische und dänische, und erst vom Anfang des 14. Jahrhunderts an gewinnen die schwedischen entschieden das Uebergewicht.

An bedeutenderen schwedischen Annalenwerken zählen wir sechs, und unter diesen sechs macht, wenn man von der erst mit 1298 beginnenden Chronologie[1] absieht, nur eins eine Ausnahme, indem es auch in den ersten Jahrhunderten wenig oder gar keine dänischen Nachrichten bringt: es ist das von 1160—1320 reichende Chronikon Rerum Sveo-Gothicarum ap. Fant I, 83, auch von Langebek herausgegeben.[2]

---

[1] Fant, Scriptores rerum Succicarum I, 92.   [2] Scr. rer. Dan. IV, 588.

Langebek hat ausserdem noch die Chronologia vetus von 916—1263 und die Chronologia anonymi veteris von 826—1415, die schon oben[1]) erwähnt wurde, in seine Sammlung aufgenommen.[2]) Fast mit demselben Rechte wie diese und jedenfalls mit grösserem als das zuerst genannte Chronicon Rerum Sveo-Gothicarum hätte er auch die beiden Chronologien ap. Fant I, 22 und 61 aufnehmen können, denn sie enthalten ebenfalls zahlreiche Nachrichten aus der dänischen Geschichte, wenn auch nicht ganz in dem Masse wie jene beiden von Langebek veröffentlichten Chronologien. Das sogenannte Diarium Fratrum Minorum Wisbyensium gehört gleich sehr beiden Ländern an und hat daher mit Recht in beiden Sammlungen einen Platz gefunden.

Es würde die Grenzen dieser Arbeit überschreiten, wollte ich versuchen, das Verhältniss der schwedischen Annalen unter einander endgültig festzustellen; eine solche Untersuchung würde ohne Hinzuziehung der beiden schwedischen Reimchroniken und der Chronik des Ericus Olai nicht zu einem abschliessenden Resultat geführt werden können; es ist hier überreicher Stoff für eine selbständige Bearbeitung vorhanden. Aber indem ich darzulegen suche, wie dänische Quellen von schwedischen Annalenschreibern benutzt sind, kann ich nicht umhin, auch über die schwedischen Nachrichten dieser Annalen einige Bemerkungen zu geben, die sich bei näherer Betrachtung derselben aufdrängen.

1. Chronologia vetusta a. a. 1298 usq. a. a. 1473.[3])

Man kann sie von den übrigen schwedischen Annalen trennen, da sie, wie gesagt, keine dänischen Nachrichten enthält. Ihre Mittheilungen hat sie grösstentheils der Chronologia bis 1430 ap. Fant I, 61 entlehnt und dieselben durch Notizen aus der Chronologia von 266—1430 ap. Fant I, 22 vermehrt. Die Aufzeichnungen von 1434—1473 rühren wahrscheinlich von einem Zeitgenossen her; mir ist keine Quelle für dieselben bekannt.

---

[1]) S. 89.   [2]) Scr. rer. Dan. II, 166 und I, 387.   [3]) Gedruckt bei Fant, Scr. rer. Suec. I, 92.

2. Chronologia vetus a. a. 916 usq. a. a. 1263.

Sie ist herausgegeben von Suhm[1]) und Fant.[2]) Bei Beiden liegt dieselbe Handschrift aus der Bibliothek zu Upsala zu Grunde. Fant's Ausgabe hat die fälschlich zum Jahre 1132 gesetzte Schlacht bei Fodvig, welche bei Suhm fehlt. Eine frühere Ausgabe ist die von Benzelius[3]). In den Chronologien, welche dänische Nachrichten haben, herrscht in Betreff des Ursprungs dieser und der schwedischen Nachrichten in denselben ein durchgreifender Unterschied. Jene hat jeder Autor selbständig aus den dänischen Quellen geschöpft, diese stehen in der grössten Abhängigheit von einander, sind entweder in der buntesten Weise aus einer Chronologie in die andere übergegangen oder einer gemeinschaftlichen Quelle entnommen. Am deutlichsten zeigt sich dies Verhältniss, wenn man unsere Chronologie mit jener von 266—1430 ap. Fant I, 22 vergleicht. Leider zeigt die Letztere eine grosse Lücke, von 1198—1250, im ersten Theil und unerhörte Corruption in den Jahreszahlen, aber die schwedischen Nachrichten der Erstern lassen sich, abgesehen von jener Lücke, fast ohne Ausnahme aus ihr herleiten. Die Notiz über das Concil zu Linköping ist fälschlich unter das Jahr 1168 statt 1148 gerathen. Die Anfangsnachricht, die Bekehrung der Dänen und ihres Königs Harald durch Poppo fehlt allerdings in der Chronologie von 266—1430; sie ist höchst wahrscheinlich aus jener auch bis 1430 reichenden Chronologie genommen, welche Fant I, 61 giebt, denn diese hat die Mittheilung in fast wortgetreuer Uebereinstimmung. Sie findet sich noch in zwei andern Aufzeichnungen wieder, der Chronologia anonymi veteris ap. Lgb. I, 387 und dem Diarium Fratrum Minorum Wisbyensium, in der erstern viel ausführlicher.

---

[1]) Lgb., Scr. rer. Dan. II, 166—168. [2]) Scr. rer. Succ., I, 47 bis 50. [3]) Monumenta historica vetera ecclesiae Sveo-Gothicae, p. 14.

Chronol. ap. Lgb. I, 387.	Chronol. ap. Lgb. II, 166.	Chronol. ap. Fant I, 61.	Diarium Fr. Min. W.
826. Dani cum Haraldo Rege sno ad fidem Jesu Christi Domini nostri sunt conversi per Poponem diaconum, qui candens ferrum nudis manibus illaesus cunctis stupen-	916. Dani ad fidem conversi per Poponem Diaconum, qui ferrum candens portavit illaesus, quo viso Haraldus rex credidit, et Popo factus est Episcopus.	Dani ad fidem conversi, per Poponem Diaconum, qui ferrum candens illesus portavit, quo viso Haraldus rex credidit et Popo factus est Episcopus.	816. Dani cum Haraldo rege ipsorum ad fidem conversi sunt.

tibus, portavit credideruntque omnes, qui aderant, et Popo Episcopus factus est.

Usinger[1]) leitet diese Notiz aus dem Scholion 21 des Adam von Bremen her, das sich nur in der aus der ersten Hälfte des 13. Jahrhunderts stammenden Kopenhagener Handschrift findet und auch in dieser von einer zweiten Hand nachgetragen ist. Aber sollte dieses Scholion zugleich von Mehreren benutzt sein? Allenfalls könnte man an dieser Stelle jene erste und ausführlichste Chronologie als Quelle für alle andern ansehen und diese selbst aus dem Scholion herleiten, aber gegen ein solches Verhältniss dieser Annalen sprechen wieder andere Stellen. Für eine etwaige gemeinschaftliche Quelle ist in der Entstehung jenes Scholion ein terminus a quo gegeben, vor welchen die Abfassung einer solchen Grundlage der schwedischen Annalistik nicht gesetzt werden kann; es ist die Mitte des 13. Jahrhunderts, denn dass das Scholion nicht später zugeschrieben wurde, geht daraus hervor, dass es schon von Albert von Stade herübergenommen ist.[2]) Benutzte also ein schwedischer Annalist das Scholion und schöpften jene vier, bei denen wir es jetzt finden, aus diesem, so würde die bis 1263 reichende Chronologia vetus wahrscheinlich der älteste Auszug dieser gemeinschaftlichen Quelle sein, während sie, aus jenen beiden bis 1430 reichenden Chronologien hergeleitet, erst im 15. Jahrhundert entstanden sein könnte.

---

[1]) a. a. O., S. 38.   [2]) Vgl. Mon. Germ. Hist., Scr. VII. 313 und XVI, 283.

Wie schon vorhin bemerkt, werden in den schwedischen Annalen die Schweden betreffenden Nachrichten erst mit dem 13. Jahrhundert häufiger, und so sind denn auch in unserer nur bis 1263 reichenden Chronologie die dänischen Nachrichten zahlreicher als die schwedischen. Während diese einer oder höchstens zwei Quellen entnommen sind, taucht bei jenen wieder das so oft beobachtete Verhältniss auf. Bald ist die Aehnlichkeit mit den Ann. Lund. grösser, bald die mit den Ann. Ry., doch ist der Anschluss an jene im Ganzen etwas enger. Auch an die Ann. Dan. ap. Lgb. V, 528, die Chronol. rer. memor. und die schwedisch-dänischen Annalen von 826—1415 ap. Lgb. I, 387 finden sich Anklänge; man vergleiche die Jahre 1245, 1249, 1252. Selbständige Nachrichten sind jedoch ausser den Mittheilungen über den Magisterwechsel im Dominikaner-Orden und den Tod einiger Brüder nur sehr wenige vorhanden. Der Verfasser schöpfte offenbar aus den Ann. Lund. maj. und fügte in seinen dürftigen Auszug aus denselben einige schwedische Notizen ein. Schon Benzelius fiel diese Verschiedenheit der Nachrichten auf; er unterschied die dänischen und schwedischen durch den Druck und nahm für Beide zwei verschiedene Verfasser an, deren einen er, ohne unsere Ann. Lund. zu kennen, nach Lund versetzte, den andern nach einem schwedischen Kloster; Sigtuna erscheint ihm das Wahrscheinlichste, da von dort auch die Handschrift stammt.[1])

3. Anonymi veteris Rerum Danicarum et Svecicarum Chronologia a. a. 826 usq. a. a. 1415.

Diese Sammlung dänischer und schwedischer Nachrichten ist von Langebek[2]) und Fant[3]) herausgegeben. Beide haben sie einer Abschrift des Stephanius entnommen. An Umfang und Bedeutung steht diese Chronologia an der

---

[1]) Vgl. Prolegomena zu den Mon. vetera eccl. Sveo-Goth. p. 2 ff. Ausgabe und einleitende Bemerkungen des Benzelius sind denen seiner Nachfolger entschieden überlegen. [2]) Scr. rer. Dan. I, 387—398.
[3]) Scr. rer. Suecic. I, 50—60.

Spitze aller andern schwedischen Annalen und ist von mehreren derselben benutzt worden. Auch dänischen Annalisten ist sie, wie schon bei den Ann. Dan. ap. Lgb. V, 528 bemerkt wurde und wie bei Petrus Olai noch wieder Gelegenheit sein wird zu erwähnen, nicht unbekannt geblieben. Beginnend mit der Nachricht von der Bekehrung der Dänen durch Poppo, bringt sie bis zur Mitte des 13. Jahrhunderts vorzugsweise dänische Nachrichten. Dieselben schliessen sich den Ann. Ry. näher an als irgend einer andern Quelle, doch glaub' ich nicht, dass sie diesen entnommen sind, denn die auffallenden Aehnlichkeiten finden sich fast nur bei Nachrichten, die aus den Ann. Lund. maj. in die Ann. Ry. übergegangen sind, und zu diesen hat unsere Chronologie noch manchmal kleine Zusätze: Namen, Daten u. dgl. die zum Theil auch in den Ann. Lund. und andern Quellen vorkommen. Auch sind mehrere Nachrichten zwar in den Ann. Lund. und in andern dänischen Werken, aber nicht in den Ann. Ry. zu finden, z. B. 1134, 1200, 1208, 1215, 1250, 1252, 1276, doch auch diese wieder zum Theil mit kleinen Zusätzen. So glaube ich, dass auch hier die Ann. Lund. maj. die dänischen Nachrichten geliefert haben, und darauf scheinen mir auch die Nachrichten über den Tod des Marschall Stig und des Rane Jonson zu den Jahren 1293 und 1294 zu deuten, welche Zusätze bieten, die sich in keiner dänischen Quelle wiederfinden. Die Translation des Knut Laward ist fälschlich in das Jahr 1168 gerathen, und ebenso sind einige andere kleine Notizen unter falschen Jahren mitgetheilt.

Was die schwedischen Nachrichten anbetrifft, so erscheinen dieselben hier selbständiger als in irgend einer andern Quelle. Ausser von den Ann. Dan. ap. Lgb. V, 528 sind dieselben noch stark benutzt von der Chronologia ap. Fant I, 22.

Die Zeit der Abfassung lässt sich aus einer Notiz der Annalen selbst wenigstens einigermassen bestimmen. Zum Jahre 1411 wird bei der Erzählung von der Hinrichtung des Abraham Brodersson die Bemerkung gemacht, dass derselbe noch jetzt in Halland lebende Söhne und Neffen habe.

Zunächst muss darauf aufmerksam gemacht werden, dass eigentlich ein Fehler in diesen Worten steckt. Abraham Broderssohn hatte nämlich nur einen Sohn[1]). Seine Tochter, vermählt mit Ture Stenson Bielke, starb 1415 und hinterliess Kinder[2]). Der Verfasser konnte also schon damals diesen Ausspruch thun, aber er hätte doch schwerlich die Bemerkung gemacht, wenn er schon in den nächsten Jahren nach dem Tode Abrahams seine Chronologie vollendet hätte, denn dann wäre jene Thatsache ja nichts Auffälliges und der besondern Hervorhebung werth gewesen. Andererseits scheint mir das scharfe Urtheil über Margaretha, das, nebenbei bemerkt, den Verfasser deutlich als Schweden erkennen lässt, einer Zeit anzugehören, wo ihre Regierung (sie starb 1412) noch in frischem Andenken stand und die Ansichten der Parteien über sie sich noch so scharf scheiden liessen, wie es der Verfasser thut. Leider sind unsere Nachrichten über Brodersson's Familie nicht genau genug, um Bestimmteres über die Abfassungszeit feststellen zu können, doch glaube ich das Werk mit Langebek[1]) noch in die erste Hälfte des 15. Jahrhunderts setzen zu müssen, vielleicht schon vor 1430, denn die Nachricht vom Tode der Königin Philippa, die in allen nach 1430 entstandenen Annalen sich findet, fehlt in unserer doch sonst genauen und im Vergleich zu andern ausführlichen Chronologie. Jedenfalls aber wird die Abfassung der Ann. Dan. ap. Lgb. V, 528 vor 1431 ziemlich unwahrscheinlich, und von dieser Seite kann also die Ansicht, dass Thomas Geysmer den in sein Compendium aufgenommenen Auszug des Saxo nebst Fortsetzung schon als fertiges Werk vorgefunden, kaum einen Stützpunkt finden.

4. Incerti Scriptoris Sveci Chronikon Rerum Sveo-Gothicarum a. a. 1160 usq. a. a. 1320.

Dasselbe ist zuerst herausgegeben von Olavus Celsius in einer akademischen Dissertation von Upsala, 1705, und

---

[1]) Siehe Dalin, Svea Rikes Historia, II, 691.   [2]) Lagerbring, ven Rikes Hist. IV, 34.   [3]) Scr. rer. Dan. I, 398, Note h.

nach ihm von Suhm[1]) und Fant[2]). Benzelius nennt es in seinen Noten zu den Monumenta vetera p. 202 „Chronicon Vadstenense"; warum, ist nicht gut einzusehen, da in der ganzen Chronik das Kloster Wadstena nicht erwähnt wird. Einzelne Notizen in demselben sind von verschiedenen spätern Händen nachgetragen, und diese haben Celsius und nach ihm Suhm durch schrägen Druck und Einklammerung kenntlich gemacht. Zu diesen gehören auch die Notizen der letzten drei Jahre, 1314, 1317, 1320, und zwar sind sie, wie Olavus Celsius sagt[3]), von derselben Hand geschrieben, welche die letzten Nachrichten zu dem auch von Celsius in demselben Jahre kurz vorher herausgegebenen Chronicon Archiepiscoporum Upsalensium hinzugefügt und demselben den Catalogus Regum Sveciae angehängt hat, der mit jenem zusammen von Celsius herausgegeben ist, und den wir auch bei Fant[4]) gedruckt haben. Am Schlusse seiner Ausgabe bringt dann Celsius noch eine Urkunde des Erzbischofs Olavus von Upsala vom 17. März 1324, die auch Suhm[5]) aufgenommen hat, und die ebenfalls von jener Hand herrührt. So ist denn aus diplomatischen Gründen erwiesen, dass unser Chronikon dem 1. Jahrzehend des 14. Jahrhunderts angehört, also vielleicht an Alter alle andern uns erhaltenen schwedischen Annalen und Chroniken übertrifft.

Es zeichnet sich, wie gesagt, noch dadurch vor allen Andern aus, dass es nur schwedische Nachrichten enthält, und zwar ist es besonders reich an kirchengeschichtlichen Notizen. Man merkt, dass es in unmittelbarer Nähe des erzbischöflichen Sitzes, des kirchlichen Mittelpunkts von Schweden entstanden ist, und mit grösserm Rechte als Benzelius' Benennung könnte man ihm den Namen Chronicon Upsalense geben. Die Mittheilungen sind zwar kurz, aber genau in Daten und Namen und durchweg zuverlässig und daher nicht ohne Werth für die Geschichte jener Zeit.

Was die Quellen anbetrifft, aus denen sie geflossen, so lassen sie sich schwerlich ermitteln. Offenbar hat der Ver-

---
[1]) Lgb., Scr. rer. Dan. IV, 588—596. [2]) Fant, Scr. rer. Suecic. I, 83—88. [3]) Bei Lgb., Scr. rer. Dan. IV, 588 und 596, Note g. [4]) Scr. rer. Svecic. I, 21. [5]) Scr. rer. Dan. IV, 596.

fasser deren Mehrere gehabt, denn er gebraucht einige Male
die Ausdrücke „apud quosdam, secundum quosdam" und
bringt dann die betreffenden Nachrichten wiederholt, so z. B.
1200 und 1202, 1216 und 1218. Vieles findet sich in den
andern Annalen wieder, besonders in den beiden bis 1430
reichenden Chronologien, weniger in der oben [1]) besprochenen Chronologie ap. Lgb. I, 387 und im Diarium Wisbyense.
Aber da diese spätern Ursprungs sind, so können sie jenem
nicht als Quelle gedient haben. Andererseits erscheint es
mir wenig wahrscheinlich, dass unser Chronikon die Quelle
für jene Annalen war, denn diese haben in der Regel selbständige Zusätze zu den Nachrichten des Chronikons, die
sich sonst nirgends wiederfinden; nur wenige Notizen lassen
sich ganz aus demselben herleiten. Geben wir auch über
diese beiden Chronologien einige Mittheilungen, um ihre
Stellung zu den übrigen zu kennzeichnen und daraus zu
einem Schluss auf das Verhältniss der schwedischen Annalen unter einander zu gelangen.

5. Chronologia a. a. 266 usq. a. a. 1430 und
6. Chronologia vetusta usq. a. a. 1430.

Die einzigen Ausgaben hat Fant[2]) geliefert, von
jener nach einer Abschrift Nordins aus einem Codex der
Stockholmer Bibliothek, von dieser nach einem andern
Codex derselben Bibliothek. Nordin nannte jene Chronologie Annales Sigtunenses, wahrscheinlich weil mehrfach
Localnotizen über das dortige Kloster darin vorkommen.
Ich will diesen Namen beibehalten, um wenigstens in diesem
einen Falle die lästige Bezeichnung nach Umfang und Ausgabe zu vermeiden.

Die Annales Sigtunenses geben zu Anfang einige dürftige Notizen über Kirchenväter des 4. bis 6. Jahrhunderts,
die wahrscheinlich irgend einer Weltchronik entnommen
sind. Sie finden sich mit Ausnahme derer zu den Jahren
388, 415, 530 in Isidors Chronikon wieder. Die Jahreszahlen scheinen willkürlich zugeschrieben; sie stimmen in den
Fällen, wo auch Eusebius und Hieronymus diese Nachrich-

---

[1]) S. 94 ff.   [2]) Scr. rer. Svecic. I, 22—32 und 61—67.

ten haben, nicht mit denselben überein. Dann springen unsere Annalen plötzlich auf das Jahr 1113 über, berichten, wie auch andere schwedische Quellen, den Eintritt des heiligen Bernhard in den Orden und bringen dann dänische und schwedische Nachrichten. Vom Jahre 1198—1250 ist eine grosse Lücke, ausserdem sind die Jahreszahlen entsetzlich corrumpirt; für 1166 müsste 1210, für 1176 z. B. 1220 stehn u. s. w. Auch die Thatsachen selbst sind durch manche grobe Fehler entstellt. So heisst es z. B. zum Jahre 1259: „Obiit rex Christoforus captus. Solutus est Archiepiscopus Jacobus." Der Werth dieser Annalen ist daher trotz ihres ziemlich bedeutenden Umfangs nur ein geringer.

Offenbar hat der Verfasser mehrere Quellen benutzt, wie deutlich daraus hervorgeht, dass er dieselben Nachrichten zwei Mal in verschiedener Fassung erzählt, so zu 1266 und 1267, 1273 und 1275, 1291 und 1293 und sonst. Die dänischen Nachrichten scheinen den Ann. Ry. entnommen, wenigstens lassen sie sich, mit Ausnahme der Jahre 1144 und 1150, sämmtlich daraus herleiten, und diese finden sich in der Chronologia ap. Lgb. I, 387, die, wie schon bemerkt[1]), für die ganze zweite Hälfte Hauptquelle dieser Annales Sigtunenses gewesen ist, nämlich vom Jahre 1319 an, und auch schon vorher oft benutzt scheint. Uebrigens sind die dänischen Nachrichten in dieser Chronologie gerade nicht sehr stark vertreten, und sie sind sämmtlich der Art, dass Nichts hindert anzunehmen, sie seien auch in die Ann. Ry. nur aus den Ann. Lund. maj. geflossen; sie können also ebensogut aus diesen wie aus den Ann. Ry. in unsere Chronologie übergegangen sein.

Was nach dem Jahre 1319 noch an selbständigen Nachrichten vorhanden ist, rührt aus der Benutzung eines Nekrologs her oder sind Nachrichten über Verhältnisse der Kirche: Concilien, Päpste u. s. w. In der früheren Zeit dagegen ist die Abhängigkeit viel mannigfaltiger. Alle bisher erwähnten schwedischen Annalen können als Quelle gelten, darunter auch das Diarium Wisbyensium. Bald scheint diese, bald jene Quelle benutzt; manche Nachrichten lassen

---

[1]) S. 95.

sich aus drei oder vier zugleich herleiten. Belege dafür
liessen sich in Menge anführen. Man braucht nur ein be-
liebiges halbes Jahrhundert durchzugehen, um deren genug
zu finden. Die selbständigen Nachrichten sind weniger zahl-
reich als im zweiten Theil. Ein ähnliches Verhältniss zeigt sich bei der zweiten
bis 1430 reichenden Chronologie, nur dass dasselbe noch
wechselnder ist und niemals zu einer Quelle so constant
wird, wie das der Annales Sigtunenses in ihrem zweiten
Theil zu der Chronologia ap. Lgb. I, 387. Von Anfang bis
zu Ende sind manche Uebereinstimmungen mit den Annales
Sigtunenses vorhanden, etwas weniger mit der eben genannten Chronologie (doch deutet die gleiche falsche Nachricht
zum Jahre 1302 auf einen engen Zusammenhang hin), im
ersten Theil ziemlich zahlreich mit jenem Chronicon Upsalense ap. Lgb. IV, 588. Auffallend sind die Berührungen
mit dem Diarium Wisbyense. Dieselben sind nicht allein
ziemlich häufig, sondern bisweilen auch der Art, dass ein
unmittelbares Verhältniss zwischen beiden angenommen werden muss. So findet sich bei Beiden die falsche Nachricht,
dass Albert von Meklenburg 1365, erst nach der Gefangennahme des Königs Magnus bei Eneköping, zum ersten Male
nach Stockholm gekommen und dort zum Könige gewählt
worden sei. Welches von den beiden Werken aber das ab-
geleitete sei, ist bei der noch zu besprechenden Beschaffenheit des Diarium Wisbyense und der Ausgaben desselben
ebenso wenig hier zu entscheiden, wie in dem Verhältniss
des Diarium zu den Annales Sigtunenses. Die grössere
Ausführlichkeit und Genauigkeit der Nachrichten spricht
entschieden für das Diarium als Quelle. Selbständig hat
diese Chronologie nicht so viele Notizen, wie die Annales
Sigtunenses, aber sie sind zum Theil von Bedeutung. Einige
weisen auf Benutzung fremder Quellen hin, wie die Nachrichten zu den Jahren 1301 und 1302. Die Mittheilungen
aus der dänischen Geschichte finden sich fast sämmtlich in
den Annales Sigtunenses wieder, sind wohl nur ein Auszug
aus diesen. Oder sollten beide bis 1430 reichenden Chronologien sich auf eine dritte stützen und durch Verbindung
der in dieser enthaltenen Nachrichten mit denen des Chro-

nicon ap. Lgb. IV, 588 und der Chronologia ap. Lgb. I, 387 entstanden sein? Aus den wenigen Notizen wird zur Genüge klar geworden sein, dass das Verhältniss dieser Aufzeichnungen zu einander kein leicht zu bestimmendes ist. Jede Einzelne hat alle Andern benutzt und ist von Allen benutzt worden, und doch hat jede noch eine Anzahl eigenthümlicher Nachrichten. Vorzüglich bis in den Anfang des 14. Jahrhunderts ist das Verhältniss ein so wechselndes, dabei die Aehnlichkeit einzelner Quellen unter einander so gross, dass man immer wieder in Versuchung kommt, zur Annahme einer verlornen umfassenden Aufzeichnung schwedischer Nachrichten wenigstens für diese Zeit als die beste Lösung für die zahlreichen Schwierigkeiten seine Zuflucht zu nehmen.

Ich führe ein Beispiel an:

Chronol. ap. Lgb. I, 387.	Chron. ap. Lgb. II, 166.	Chron. Ups. ap. Lgb. IV, 338	Annal. Sigtun.	Chronol. ap. Fast I, 61.
1163..... Eodem anno consecratus est Stephanus Archiepiscopus Upsalensis, qui fuit monachus in Alvastro, anno Caroli Regis quinto		1163: Consecratus est Stephanus Archiepiscopus Upsalensis anno Karoli regis quinto, Alexandri tertii quarto		
1164..... Eodem anno primo venit Pallium ad regnum Sveciæ.	1164. Consecratus est Stephanus Archiepiscopus, anno Karoli Regis V et Alexandri Tertii anno V.	1164. Venit primum palleum in Sveciam, cum quo palliatus fuit Stephanus primus Archiepiscopus Upsalensis, temporibus Regis Karoli, regni ejusdem anno V et eodem anno consecratus fuit Stephanus Archiepiscopus Upsalensis, presidente Alexandro Papa III.		1164. Consecratus est Stephanus primus Archiepiscopus Upsalensis. Eodem anno .... et tunc primum venit pallium in Sweciam tempore Karoli Regis Swecie.

Keiner dieser Berichte lässt sich aus einem andern vollständig herleiten. Andererseits kann ihre Verwandtschaft nicht geläugnet werden. Man vergleiche ferner die Jahre 1160, 1185 (resp. 1181 und 1180), 1187 und 1188, 1208 und 1210 und die schon oben [1]) citirten Einleitungsnachrichten über die Bekehrung des König Harald und seiner Dänen. Dabei ist einige Male auch das Diarium Wisbyense mit heranzuziehen.

Diese letztgenannte Compilation würde vielleicht manchen Zweifel lösen, wenn sie in einer brauchbaren Ausgabe vorhanden oder die Handschrift leichter zugänglich wäre. Einige Notizen über dieselbe mögen diese Bemerkungen über die schwedische Annalistik des Mittelalters und ihr Verhältniss zur dänischen beschliessen.

7. Diarium Fratrum Minorum Wisbyensium.

Diese im Franciskanerkloster zu Wisby entstandenen Aufzeichnungen enthalten eine Reihe von wichtigen Nachrichten, nicht allein über Wisby und Gothland, sondern auch über die schwedische Geschichte der zweiten Hälfte des 14. Jahrhunderts. Leider lässt sich aus den uns bis jetzt vorliegenden Ausgaben, obgleich deren drei vorhanden sind, der historische Werth dieser Nachrichten nicht bestimmen, und man muss es z. B. dahingestellt sein lassen, ob Ericus Olai, der zwischen 1464 und 1486 schrieb, aus den wisbyschen Aufzeichnungen geschöpft hat oder diese aus ihm, oder auch Beide eine gemeinschaftliche Quelle benutzten. Um diese Sachlage zu verstehen, wird es nöthig sein, einige Notizen über den Codex und seinen Inhalt zu geben.

Derselbe ist ein Pergamentcodex der königlichen Bibliothek zu Stockholm und von verschiedenen Händen zu verschiedenen Zeiten geschrieben, nach Langebek [2]) von 1340 an bis in das 16. Jahrhundert. Der einzige Autor, der sich deutlich zu erkennen giebt, ist der, welcher die Nachricht zum Jahre 1525 über die Einnahme Wisbys durch die Lübecker eintrug; er bezeichnet sich als Augenzeugen [3]). Ueber

---
[1]) S. 93.   [2]) Scr., rer. Dan. I, 251.   [3]) Lgb., Scr. rer. Dan. I, 266 und Fant, Scr. rer. Suecic. I, 39.

den Inhalt sagt Fant¹), dass der Codex enthalte erstens ein „calendarium" mit den Todestagen der Wohlthäter des Klosters und einem Verzeichniss ihrer Gaben an dasselbe, also ein „liber daticus", wie wir es aus Lund, Nestved und andern Klöstern haben. Es reicht von 1340—1527 und ist herausgegeben von Ludewig²) und, was Fant übersehen hat, von Suhm nach einer Abschrift Langebeks³). Fant selbst verspricht eine neue Ausgabe unter den Scriptores ecclesiastici, die aber meines Wissens nicht erschienen ist. Diesem Kalendarium sind eine Reihe von historischen Notizen hinzugefügt, die Fant⁴) von demselben gesondert herausgegeben hat.

Suhm und Fant haben diese beiden Bestandtheile auseinandergehalten, jener nur das Kalendarium, dieser nur die hinzugefügten historischen Notizen gegeben. Nicht so Ludewig. Abgesehen davon, dass sich bei ihm⁵) zwei Nachrichten finden, die wohl Fant, aber nicht Suhm hat, die also dem Kalendarium nicht angehören, hat er auch noch⁶) eine Anzahl von Todesnachrichten hinzugefügt, die sich ebenfalls nur bei Fant finden und dem Kalendarium nicht angehört haben können, denn dieses ist bei Suhm nach Vollendung des ganzen Jahreslaufs richtig abgeschlossen. In Betreff einiger Nachrichten ist man allerdings im Unklaren, wohin sie zu rechnen sind; sie finden sich sowohl in dem von Suhm herausgegebenen Kalendarium, als auch in den historischen Aufzeichnungen bei Fant⁷).

Die ludewigsche Ausgabe ist aber doch nicht ohne Werth. Sie zeigt deutlich, dass Fant so gut wie Langebek in der Ausgabe des zweiten Theils jenes Codex sich die Freiheit genommen haben, die Nachrichten chronologisch

---

¹) Scr. rer. Suecic. I, 32. ²) Reliq. manuscr. IX, 197 ff. ³) Scr. rer. Dan. VI, 557 ff. Beiläufig bemerkt, hat Fant auch übersehen, dass die Nachrichten zum Jahre 1402 (Fant, SS. I, 35) bei Langebek fälschlich unter das Jahr 1302 gerathen sind (Lgb., Scr. rer. Dan. I, 257); er giebt sie in der Note b, S. 35 als bei Langebek fehlend an. ⁴) Scr. rer. Suecic. I, 33 ff. ⁵) Reliq. manuscr. IX, 200. ⁶) Reliq. manuscr. IX, 207 u. 208. ⁷) Scr. rer. Dan. VI, 564 und 565; Scr. rer. Svecic. I, 34; Reliq. manuscr. IX, 203 und 205.

einzuordnen. Dieser zweite Theil ist der historisch wichtigere. Er enthält Nachrichten vom Jahre 67—1525, die ohne chronologische Ordnung von Verschiedenen zusammengetragen sind; manche Ereignisse sind zwei oder drei Mal nach verschiedenen Gewährsmännern erzählt. Langebek hat dieselben¹) mit jenen im ersten Theil befindlichen zusammen in chronologische Ordnung gebracht, Fant hat diesen zweiten Theil allein abdrucken lassen²). Bei Ludewig³) finden sich zunächst Notizen, die nach Fant dem ersten Theil angehören, aus den Jahren 686—1223, dann kommt der ganze zweite Theil und den Schluss bilden wieder Nachrichten aus dem ersten Theil. Auch hier hat Ludewig jede Umstellung der Nachrichten in chronologische Ordnung vermieden und beweist dadurch, dass Fant allerdings die beiden Stücke der Nachrichten getrennt hielt, aber innerhalb derselben sich doch Aehnliches erlaubte wie Langebek, wenn auch nicht ganz mit derselben Willkür; im zweiten Theil haben sich bei Fant manche Jahreszahlen in ihrer ursprünglichen Stellung erhalten. Ludewig hat ausserdem noch aus demselben Codex stammende, von 834—1287 reichende Annalen abgedruckt⁴), die Usinger⁵) richtig als einen chronologisch geordneten Auszug aus dem Diarium bezeichnet. Dieser Auszug enthält nur dänische Nachrichten, welche sich nur in der langebekschen Ausgabe wiederfinden, bei Fant gänzlich fehlen. Dass Fant dieselben ausgeschieden haben sollte, ist kaum anzunehmen, da in den andern von ihm herausgegebenen schwedischen Geschichtswerken die dänischen Nachrichten unverkürzt erhalten sind, er auch Nichts von einer solchen Ausscheidung erwähnt, vielmehr in Betreff des zweiten Theils ausdrücklich sagt: „verum ad tenorem ipsius codicis prodire jubemus". Und doch entstammen andererseits beide Ausgaben demselben Codex, was bei der Beschreibung, die Fant und Langebek von demselben machen, und der Urkunde, die Beide als am Ende stehend erwähnen und ab-

---

¹) Scr. rer. Dan. I, 251—266.
²) Scr. rer. Suecic. I, 39—47.
³) Reliq. manuscr. IX, 175 ff.
⁴) Reliq. manuscr. IX, 212—217.
⁵) a. a. O., S. 77, Anm.

drucken, keinem Zweifel unterliegen kann. Man sieht, es drängen sich hier eine Reihe von Fragen auf, welche nur durch eine Einsicht der Handschrift gelöst werden können, die mir leider nicht möglich ist. Bei Langebek haben wir die vollständigste Ausgabe, aber jede Spur des Ursprungs der Nachrichten durch die strenge chronologische Einordnung verwischt; bei Fant fehlen fast sämmtliche dänische Nachrichten, und in der Anordnung der Notizen ist Manches geändert; bei Ludewig stört die Vermengung der beiden in Entstehung und Anlage getrennten Theile des Codex. Die drei Ausgaben genügen weder für sich, noch zusammen, um ein klares Bild von der Entstehung und damit von dem historischen Werthe des Werkes zu geben.

Den dritten Theil des Codex bildet ein Verzeichniss der im Minoritenkloster zu Wisby Begrabenen. Fant verspricht eine Veröffentlichung desselben unter den Scriptores ecclesiastici, übersieht aber auch hier, dass schon Suhm [1]) dieses Verzeichniss herausgegeben hat.

Unter diesen Umständen kann die Herleitung der Nachrichten nur eine unsichere sein. Die ersten Mittheilungen sind einer Weltchronik entnommen. In Bedas „de sex aetibus hujus saeculi" finden sich zwar die Nachrichten grösstentheils wieder, aber keine Spur von den Jahreszahlen; auch Regino und Ekkehard haben dieselben nicht. Die Mittheilung über die Longobarden zum Jahre 686 scheint eine Compilation aus Saxo[2]) und den Ann. Ry.[3]) zu sein. Die dann folgenden dänischen Nachrichten bis zum Jahre 1300 finden sich in verschiedenen Quellen wieder; einige derselben sind jedoch dem Diarium eigenthümlich, so ein Bericht über die Gefangennahme König Waldemars II. und seines Sohnes, 1223; diese Begebenheit wird an drei verschiedenen Stellen erzählt. Die Mehrzahl der Nachrichten schliesst sich den Ann. Ry. an, doch finden sich manche, die nur aus den Ann. Lund., der Chron. Sial., der Chronol. rer. memor., dem Anon. Chron. Dan. ap. Lgb. IV. 225

---

[1]) Lgb., Scr. rer. Dan. VI, 567 ff.   [2]) Ausgabe von Müller-Velschow I, 418 ff.   [3]) Mon. Germ. Hist., Scr. XVI, 397.

und Thomas Geysmer zu erklären sind. Einige grössere zusammenhängende Berichte, wie der über die Ermordung Erich Glippings (1286), scheinen auf eine Benutzung der Ann. Lund. maj. hinzuweisen. Doch ist ein solcher Schluss im vorliegenden Falle nur mit geringer Wahrscheinlichkeit zu machen, da uns ja eine genaue Einsicht in die Art der Compilation fehlt. Was die schwedischen Nachrichten anbetrifft, so haben dieselben weit grössere Selbständigkeit und Wichtigkeit als die dänischen, geben manchmal ganz neue Aufschlüsse, zeigen aber auch in vielen Fällen eine solche Uebereinstimmung mit andern Quellen, dass ein Zusammenhang nicht zu verkennen ist[1]). Vor allem scheint die Chronologia von 826—1415 ap. Lgb. I, 387 benutzt; die Mittheilungen bis 1250 lassen sich ganz aus derselben herleiten. Besonders die lange Auslassung über die Verwandtschaft der schwedischen Könige mit dem dänischen Königsgeschlecht zum Jahre 1202 beweist deutlich die Benutzung jener Chronologie; auch einer der Berichte über die Gefangennahme Waldemars II. durch Heinrich von Schwerin stammt aus ihr. Nach der Mitte des 13. Jahrhunderts hört dies auf. Zwar finden sich noch Uebereinstimmungen, aber das Diarium hat doch fast immer selbständige Zusätze oder schliesst sich mehr an andere Quellen an, die mit Beiden eine gewisse Aehnlichkeit zeigen oder auch, und das ist vorwiegend, hat vollkommen selbständige Nachrichten. Die letzten hundert Jahre bringen fast nur solche. Dabei ist zu bemerken, dass der Verlauf einer Begebenheit allemal unter dem Jahre, in welchem dieselbe ihren Anfang nimmt, ganz durcherzählt wird, so dass eine Reihe von zusammenhängenden, manchmal recht werthvollen Berichten entsteht, so über die Wahl Albrechts von Mcklenburg zum Könige von Schweden, seine Regierung, seinen Fall: 1361, 1364, 1386. Doch wird man

---

[1]) Hierbei ist zu bemerken, dass in der langebekschen Ausgabe einige chronologische Fehler sind, die zum Theil auch die ludewigsche Ausgabe hat. So gehört die Nachricht zum Jahre 1144 und die über den Tod König Karls zum Jahre 1147 in die Jahre 1164 und 1167, die von 1297 und 1302 nach 1397 und 1402.

diese Mittheilungen erst vollkommen würdigen können, wenn ihr Ursprung sicherer festgestellt ist, als das bis jetzt der Fall war.

Welche Bedeutung dänische Quellen und besonders die Ann. Lund. maj. für die schwedische Annalistik gehabt haben, wird aus den gegebenen Notizen klar geworden sein. Auszüge der Letzteren bildeten die Grundlage und den Ausgangspunkt, an welchen die schwedischen Nachrichten angeknüpft wurden.

IV.
Dänische Nachrichten aus dem 13. bis 15. Jahrhundert in deutschen und spätern dänischen Quellen.

Wir haben die dänischen Annalen und Chroniken bis zum Ende des 15. Jahrhunderts und ihre Beziehungen zu einander kennen gelernt, auch gesehen, wie die Nachrichten der schwedischen Chronologien sich zu denselben verhalten. Es bleibt noch übrig, kurz darzulegen, welche Verbreitung jene Werke in deutschen Quellen gefunden haben, und wie vor Allem die nachgewiesene verlorne Hauptquelle, die Ann. Lund. maj., sich in diesen und in späteren dänischen Chroniken verfolgen lässt. Besonders werde ich dabei, der Anlage der Arbeit gemäss, die Zeit nach 1245 berücksichtigen.

A. Deutsche Quellen.
1. Detmars Chronik.

Lappenberg sagt in der Einleitung zu seiner Ausgabe der Ann. Ry.[1], dass Detmar vom Jahre 1170 an die Ann. Ry. benutzt habe. Die vorhergehenden dänischen Nachrichten sind fast sämmtlich Helmold entnommen, doch hat Detmar daneben noch andere Quellen für dänische Geschichte gekannt; so erwähnt er z. B. zum Jahre 1130 ein Passionale Sancti Kanuti Ducis. Lappenbergs Behauptung kann nicht angezweifelt werden, obgleich Detmar in Daten und That-

---

[1] Mon. Germ. Hist. SS. XVI, 391; vgl. auch Berliner Jahrbücher für wissenschaftliche Kritik 1830, II, 759.

sachen nicht immer genau mit den Ann. Ry. stimmt und manche selbständige Zusätze hat. Nachrichten wie die zu den Jahren 1214, 1221, 1237, 1239 u. a. m. beweisen unwiderleglich, dass Detmar oder die ihm zu Grunde liegende Stadtchronik die Ann. Ry. kannte und benutzte. Jene Abweichungen und Zusätze betreffen vorzugsweise deutschdänische Verhältnisse, können also nicht auffallen, da der deutsche Chronikenschreiber hier den Thatsachen nicht ferner stand als der dänische Annalist. Nach dem Jahre 1288 bringt Detmar nur noch wenig, was sich aus einer uns bekannten dänischen Quelle herleiten liesse. Die Verwicklungen zwischen Dänemark, den Herzögen von Schleswig und den Grafen von Holstein, den Seestädten, den meklenburgischen und pommerschen Herren und den Markgrafen von Brandenburg, welche die Regierungen Erich Menveds, Christophs II. und Waldemar Atterdags ausfüllen, werden von Detmar weit ausführlicher und genauer geschildert als von irgend einem dänischen Historiographen. Auch specifisch dänische Angelegenheiten werden bisweilen vollkommen selbständig und im Ganzen richtig erzählt, so der Streit zwischen Erich Menved und dem Erzbischof Johannes Grand von 1294—1302 (1304 nach Detmar). Man vergleiche ferner die Jahre 1306, 1307, 1309, 1319, 1322 u. a. m. Auffallend ist es, dass Detmar einige Besonderheiten mit den Ann. Dan. ap Lgb. V, 528 gemein hat, die sich sonst nicht wiederfinden, so zu den Jahren 1285 und 1299; auch 1282 stimmt mehr mit diesen als mit den Ann. Ry. Ein directes Verhältniss zwischen Beiden ist kaum anzunehmen. Ob man aber daraus und aus jenen selbständigen Berichten auf eine Benutzung der Ann. Lund. maj. durch Detmar oder die Stadtchronik schliessen darf, bleibt doch zweifelhaft, besonders, da eine Reihe von Mittheilungen Detmars von den dänischen Berichten über diese Vorgänge so sehr abweicht, dass schwerlich dieselbe Quelle benutzt sein kann. Ueberhaupt glaube ich, dass eine Anzahl dieser Berichte Detmars sich kaum auf geschriebene Quellen stützen. Lübeck stand so im Mittelpunkt der Verhältnisse, dass es sehr leicht war, Nachrichten zu erhalten. Was Detmar aus den Jahren vor

1350 bietet, ist daher auch wohl nicht ihm, der zeitlich fern stand, sondern dem oder den Verfassern der ihm vorliegenden Stadtchronik zuzuschreiben.

Interessant wäre es, könnte man Beziehungen zwischen Thomas Geysmer und Detmar nachweisen. Zwar setzen Beide, abweichend von andern Quellen, die Schlacht bei Skanderborg und den Tod des Niels Ebbeson in das Jahr 1340 und wissen auch allein von der Belagerung Gottorps durch die Jüten (Detmar 1328, Thomas Geysmer 1329 [1]) zu erzählen; da aber diese Berichte durchaus nicht übereinstimmen, so sind sie ohne Zweifel selbständig entstanden, in Bezug auf die erstere Begebenheit ein nicht zu unterschätzendes Moment für ihre chronologische Bestimmung [2]).

So wichtig also auch Detmar für unsere Kenntniss der dänischen Geschichte ist, so können wir doch nur für den kleineren Theil seiner Nachrichten, für die den Ann. Ry. entnommenen, mit Sicherheit die Quelle angeben.

2. Annales Lubicenses.

Dass auch in diese Nachrichten der Ann. Ry. übergingen, hebt Lappenberg [3]) hervor. Das Jahr 1272 zeigt deutlich, dass der Verfasser der Ann. Lubic. die Ann. Ry. selbst kannte und direct benutzte. Dort berichten die Ann. Lubic., etwas abweichend von Detmar, über den Tod des Herzogs Erich von Schleswig und die daraus hervorgehenden Streitigkeiten zwischen Dänen und Holsteinern und fahren dann folgendermassen fort

Ann. Lubic.	Ann. Ry.
Eo anno Teotonici cum magno exercitu occupaverunt civitatem Sleswicensem, et terram rapinis et incendiis vastaverunt.	Eodem anno 12. Kalendas Septembris Teutonici occupaverunt civitatem Sleswik multitudine copiosa et 6. Kalendas quibusdam de exercitu amissis cum magno spolio et praeda pecorum diversi generis recesserunt.

---

[1]) Dieser hat hier Recht, vgl. Suhm, Hist. af Danm. XIII, 177.
[2]) Vgl. oben S. 82.   [3]) Mon. Germ. Hist., SS. XVI, 412.

Detmar dagegen berichtet: „........ Dat moyde de groven van holsten unde toghen to sleswic mit groter macht; de stad unde dat land se roveden unde branden wol ses daghe. Do toghen se to lande mit eneme groten rowe VI kal. octobris." Jenes „Teotonici" der Annales Lubicenses entstammt ohne Zweifel den Annales Ryenses; der Stadtchronik aber schloss sich Detmar mehr an, denn dieser, den Dingen zeitlich fern stehend, konnte den Bericht nicht auf eine solche Weise specialisiren.

Ob aber die übrigen dänischen Nachrichten, welche nicht den Ann. Ry. entnommen sind, aus der auch von Detmar benutzten Stadtchronik stammen oder von dem Verfasser der Ann. Lubic. selbständig hinzugesetzt sind, oder, was dasselbe ist, ob Detmar seine Nachrichten allein der Stadtchronik verdankt oder aus dieser und den Ann. Lubic. compilirte, lässt sich nicht mit Gewissheit bestimmen. Nach der oben[1]) ausgesprochenen Ansicht über die Entstehung vieler dänischer Nachrichten bei Detmar würde allerdings das Erstere das Wahrscheinlichere sein. Dann war aber jedenfalls die Stadtchronik reicher an dänischen Nachrichten als Detmar und die Ann. Lubic., denn jedes dieser beiden Werke hat eigenthümliche Notizen, die sich im andern nicht finden. In der Regel erzählt Detmar umständlicher und genauer; aber ausser den schon von Lappenberg angeführten Beispielen von grösserer Ausführlichkeit oder selbständigen Nachrichten der Ann. Lubic. sind, was Dänisches anbetrifft, noch 1289 (Detmar 1288), 1304, 1305, 1319 zu nennen. Auffallend ist, dass einige Nachrichten, wie die zu den Jahren 1289, 1299, 1304, 1305 viel Verwandtschaft mit dem Chron. ap. Lgb. II, 169 und den ihm verwandten Quellen zeigen. Sollte man daraus vielleicht schliessen dürfen, dass der Verfasser der Ann. Lubic. wie die Ann. Ry. so auch die Ann. Lund. maj. neben der Stadtchronik benutzt und daraus jene ergänzt habe?

Doch lässt das Vorherrschen der deutsch-dänischen Nachrichten, die sich gerade in dieser Zeit des steigenden

---

[1]) S. 109 ff.

Einflusses der Deutschen in Dänemark auch in dänischen Quellen geltend macht, immer eine grosse Möglichkeit, ja sogar Wahrscheinlichkeit zu, dass deutsche Geschichtsschreiber ihre Berichte aus andern Quellen schöpften, als aus dänischen, und dass etwaige Uebereinstimmungen ihren Grund in dem Gegenstande haben, nicht in der Benutzung derselben Quellen über ihn.

3. Korners Chronikon.

Korner hat seine dänischen Nachrichten für die spätere Zeit fast sämmtlich Detmar entnommen, giebt aber fast immer andere Quellen an, am meisten eine Chronica Danorum, für einzelne Nachrichten auch eine Chronica Obotritorum, Egghardus, Henricus de Hervordia; die Chronica Lubicensis wird in der Zeit von der Mitte des 13. bis zur Mitte des 14. Jahrhunderts nur sechs Mal als Quelle für dänische Sachen angeführt. In der Linköpinger Handschrift findet sich zwei Mal eine Abweichung in der Quellenangabe von dem bei Eccard gedruckten Text: zum Jahre 1249 ist für die Chronica Danorum die Chronica Lubicensis angegeben und für die Chronica Lubicensis eine Chronica Sveorum nach der Art Korners, eine Chronik des Volkes zu fingiren, aus dessen Geschichte er Mittheilungen macht.

Einzelnes liefert Korner, was man bei Detmar vergeblich sucht. So erzählt er die Sage vom heiligen Wenzeslaus und König Erich Plogpennig zum Jahre 1251 und ergänzt den Bericht Detmars über die glänzende Fürstenversammlung zu Rostok, 1311, aus Heinrich von Herford. Manchmal giebt er jedoch nur einen Auszug aus Detmar, so 1322, 1326, 1330, 1335.

Mit seiner Vorlage verfährt Korner entsetzlich willkürlich. Die chronologischen Angaben, die beim Detmar, wenn auch nicht durchweg, so doch vorwiegend, richtig sind, verlieren bei Korner eigentlich allen Werth. Nicht die Hälfte, ja kaum ein Drittel seiner Nachrichten sind unter dem richtigen Jahre erzählt. In einem Zeitraum von 100 Jahren hat er bei einer Gesammtzahl von nahezu 50 Mittheilungen aus der dänischen Geschichte nur 14 ins richtige Jahr gesetzt, und zwar sind diese Fehler mit der grössten Willkür begangen; bald ist ein Factum um einige Jahre zu früh, bald zu spät gesetzt. Manches wird zwei Mal erzählt; so der Tod Christophs von Dänemark zu 1259 und 1265, der dann 1264 (statt 1261) die Schlacht auf der Loheide verliert und gefangen genommen wird, dann der Tod des Knut Porse von Halland 1319 und 1330, der dazwischen 1326 (statt 1327) sich mit Ingeborg von Norwegen vermählt. Die Belagerung von Stralsund wird unterm Jahre 1321 statt 1316 erzählt, und natürlich muss nun Christoph sie leiten, da Erich Menved ja inzwischen gestorben war. Nicht immer machen alle Handschriften diesen chronologischen und sachlichen Fehler. So ist z. B. in der Danziger und Wolfenbüttler Handschrift richtig und in Uebereinstimmung mit Detmar die Gefangennahme von Abels Sohn zu 1250 statt 1252 erzählt, in der Danziger die Erbauung Koldings zu 1268 statt 1270, Erich von Schleswigs Tod 1272 statt 1271, die Versöhnung zwischen Waldemar von Schleswig und Erich Glipping 1283 statt 1281.

Viele, man kann sagen die meisten der im gedruckten Text mitgetheilten dänischen Nachrichten fehlen in den übrigen Handschriften; Danziger und Wolfenbüttler haben etwa nur ein Drittel, die Linköpinger die Hälfte. Die Gesandtschaft des Legaten Guido nach Dänemark wird von jenen Beiden nach 1264, von der Letztern nach 1267 verlegt, während der gedruckte Text hier richtig das Jahr 1266 angiebt.

Von einer Benutzung dänischer Quellen neben Detmar ist in dem hier besonders in Betracht kommenden Zeitraum keine Spur vorhanden. Allerdings hat Korner die Ann. Ry. gekannt und dieselben an der Stelle, wo er zum ersten Mal der Dänen gedenkt, in einem Auszug in sein Werk aufgenommen[1]), aber nachher scheint er sich ihrer nicht mehr erinnert zu haben.

---

[1]) Eccardi corpus historicum medii aevi II, 475—488.

4. Die Chronica Daniae des Albertus Krantz.

In diesem ersten Theil seiner „Chronica regnorum aquilonarium" folgt der vielgelesene Autor, dessen Bücher, wie Dahlmann sagt, im 16. Jahrhundert weit und breit in alle Welt gingen, sehr ungleichen Autoren; während er, so weit Saxo reicht, diesem treu bleibt, wird hernach Korner seine Hauptquelle. Mit diesem macht er dann auch eine Reihe grober Fehler, von denen ich nur folgende hervorhebe: Er lässt die Schlacht auf der Loheide (1261) von König Christoph I. statt von Erich Glipping geschlagen und jenen mit seiner Gemahlin Margaretha statt diesen mit seiner Mutter gefangen genommen werden. Den Streit zwischen dem Markgrafen Waldemar von Brandenburg und Erich Menved lässt er wie Korner dicht vor dem Tode des Ersteren ausbrechen und durch dies Ereigniss rasch geschlichtet werden; Erich Menved stirbt dann erst, wie bei Korner, 1321, und Stralsund wird nicht von ihm, sondern von seinem Nachfolger Christoph II. belagert.

Dass Krantz wenigstens eine dänische Quelle kannte, geht aus seinem Berichte über die Schlacht auf der Loheide hervor. Dort sagt er[1]: „sunt tamen qui hanc rem non Christophoro, sed filio ejus Erico narrent contigisse, ut caperetur" und führt dann „Annales Danorum" an, die dies bezeugen. Aber er folgt doch Korner und vergisst dabei, dass dieser selbst an anderer Stelle[2], wo er den Auszug aus den Ann. Ry. giebt, König Erich nennt und ausserdem König Christoph zum Jahre 1259 schon hat sterben lassen. Welches Werk man sich unter jenen Annales Danorum zu denken hat, ist zweifelhaft. An einer andern Stelle[3] erwähnt Krantz die Zerstörung der Burg Tondern durch Erich Glipping nach der Gefangennahme des Herzogs Waldemar von Schleswig (1285), die sich unter allen voraufgehenden dänischen Quellen nur in dem Chronicon ap. Lgb. II, 433 findet. Aber schwerlich ist gerade dieses dürftige Chronicon benutzt worden, welches übrigens auch bei der Schlacht auf

---

[1] Albertus Krantz: Chronica regnor. aquilon. Daniae, Sveciae et Norvagiae, Strassburg 1546, p. 305.   [2] Eccardi corpus historicum II,488.   [3] a. a. O., p. 306.

der Loheide keine Namen nennt. Meint Krantz mit den Annales Danorum dieses Chronikon, so musste er erst aus dem zum Jahre 1259 erwähnten Tode Christophs einen Schluss auf seinen Sohn und Nachfolger machen. Für dieses Chronikon scheinen dagegen Krantzens Worte „Rege capto cum Regina", die sich dort (capti Rex et Regina) ebenso unbestimmt und leicht missverständlich wiederfinden, zu sprechen.

Albert Krantz zeigt nirgends für diese spätere Zeit eine umfassendere Benutzung dänischer Quellen. Er folgt seinem Korner. Nur einmal hält er sich durchaus unabhängig von diesem. Es ist bei dem Bericht über die Vorgänge in Skjelskör zwischen Herzog Waldemar von Schleswig, der Königin Agnes und den dänischen Grossen. Aber hier bringt er eine Version der Sache, wie sie sich in keiner andern, weder deutschen noch dänischen Quelle wiederfindet, und deren Ursprung ich nicht anzugeben weiss.

Unter den weniger umfassenden Compilationen verdient nur noch Erwähnung

5. Die Chronik der nordelbischen Sassen.

Sie benutzt für ihre dänischen Nachrichten die Ann. Hamburg., wahrscheinlich auch Detmar und Korner, schöpft aber auch einen Theil ihrer dänischen Nachrichten direct aus den Ann. Ry., so zu den Jahren 1253, 1259, 1285 (fälschlich für Ann. Ry. 1236), 1287 (ebenso für Ry. 1288).[1]

6. Die Annales Colbazienses.

Diese durch mehrere Jahrhunderte fortlaufenden und zum Theil gleichzeitigen Aufzeichnungen würde ich, da der für dänische Geschichte in Betracht kommende Theil kaum in die Zeit fällt, mit der diese Arbeit sich beschäftigt, hier nicht berücksichtigt haben, wenn nicht Jørgensen[2] in einem übersichtlich und gut zusammenfassenden und auch manches

---

[1] Vgl. Lappenbergs Einleitung zu der Ausgabe in der Quellensammlung der Schlesw.-Holst.-Lauenbg. Gesellschaft, Band III.

[2] Bidrag til Nordens Historie i Middelalderen, Kopenhagen 1871. Was der Verfasser S. 201 ff. zu den Ansichten von Waitz und Usinger über

Neue und Eigenthümliche enthaltenden Aufsatze über die historische Literatur in Dänemark vor Saxo dieselben neuerdings in eine eigentümliche Verbindung mit den Ann. Lund. gebracht hätte. Er erklärt sie nämlich für die Grundlage derselben. Bei einer Vergleichung wird man aber bald sehen, dass eine solche Annahme nicht stichhaltig ist. Allerdings sind die frühesten Theile der Ann. Colbaz. weit älter als unsere Ann. Lund. Es ist das bisher von Niemandem bezweifelt worden und hätte eines so umständlichen und mit so grossem Aufwand von Scharfsinn durchgeführten Beweises nicht bedurft; das Aeussere des uns erhaltenen Codex zeigt deutlich, dass die Notizen bis 1137 von einer einzigen, noch dem 12. Jahrhundert angehörigen Hand aufgezeichnet sind[1]). Was die Nachrichten selbst anbetrifft, so ist der Zusammenhang mit den Ann. Lund. allerdings unverkennbar; der Zeitunterschied von mehr als einem Jahrhundert verbietet aber, sie aus diesen herzuleiten. Dürfen wir sie desshalb mit Jørgensen zur Grundlage derselben machen? Zunächst sind die Ann. Lund., abgesehen von den hineingearbeiteten Auszügen aus Adam von Bremen, weit ausführlicher, haben besonders jenen angelsächsisch-normannischen Chroniken, deren Nachrichten wir auch in den Annales Colbazienses wiederfinden, weit mehr Notizen entnommen als diese. Die Annales Lund. müssten also die Grundlage der Annales Colbaz. und diese selbst benutzt haben. Andererseits fehlt es auch den Colbaz. nicht an eigenthümlichen Nachrichten. Dahin gehört zunächst ein vollständiger Papstcatalog, der hinein gearbeitet ist, und den die Ann. Lund. gewiss nicht unberücksichtigt gelassen haben würden, wenn sie ihn vor

---

die dänischen Annalen und Chroniken und im Allgemeinen über die angebliche Vorliebe deutscher Geschichtsforscher für verlorne Quellen bemerkt, braucht hier nicht weiter berücksichtigt zu werden. Es sind das Urtheile, die der Verfasser wohl selbst zurückziehen wird, wenn er sich einmal die Schwierigkeiten vollkommen klar gemacht hat, die in dem Verhältniss der dänischen Quellen zu einander liegen.

[1]) Mon. Germ. Hist., SS. XIX, 710.

sich gehabt hätten; erst mit Clemens II. fängt 1042 (fälschlich für 1046) in den letztern die Reihe der Päpste an. Dann aber sind auch zahlreiche andere Nachrichten, besonders aus der englisch-normännischen Geschichte nur in den Ann. Colbaz. zu finden. Eine Benutzung der Ann. Colbaz. durch die Ann. Lund. scheint mir also sehr unwahrscheinlich und würde, wenn man sie annähme, die vorhandenen Schwierigkeiten auch durchaus nicht lösen. Worin diese bestehen, muss bei einer Vergleichung der Quellen sofort klar werden. Ich weise hier nur auf die sowohl in den Ann. Lund. als in den Ann. Ry. notirte Sonnenfinsterniss auf Quadragesima des Jahres 1137, die gar nicht stattfand[1]), dann auf die Notiz der Ann. Lund. und Ry. zum Jahre 1146 hin, wo Beide Erich Lamb Mönch in Odense werden und sterben lassen, während er, wie die Ann. Colbaz. auch richtig berichten, am 27. August 1147 starb. Diese Uebereinstimmungen fallen gerade in die von Jørgensen besonders eingehend behandelten Jahre und hätten doch bei der Vergleichung stutzig machen müssen.

Es fragt sich, woher haben die Ann. Colbaz. ihre Nachrichten. Entstammen dieselben den Ann. Lund. maj., wie der Herausgeber meint, so hätten wir damit eine Ableitung derselben, die ca. 80 Jahre früher anzusetzen wäre, als die älteste bis jetzt bekannte, das Chron. Dan. ap. Lgb. III, 260. Die Uebereinstimmung reicht nur bis 1137. Was nachher folgt, ist selbständig, zum grossen Theil wohl gleichzeitig eingezeichnet. Die grosse Zahl von Nachrichten über Gründung von Cistercienserklöstern, sowie auch einige andere Nachrichten über diesen Orden sind von einer und derselben dem Ausgange des 13. Jahrhunderts angehörenden Hand eingezeichnet, entstammen also höchst wahrscheinlich einer besondern Sammlung von Ordensnachrichten. Was sich zu den Jahren 1140, 1170, 1186, 1218, 1251 an Uebereinstimmung mit den Ann. Ry. findet, zwingt durchaus nicht zur Annahme eines directen oder indirecten Zusammenhangs.

Schwieriger ist die Partie bis 1137. Die kurzen Notizen derselben sind zusammengesetzt aus einem vollständigen

---
[1]) S. Mon. Germ. Hist. SS. XVI, 401, Anm. 12.

Papstcatalog, einem Verzeichniss der Kaiser und fränkischen Könige und einer Reihe von englisch-französisch-normännischen Nachrichten, also ein ähnlicher Inhalt, wie ihn die Ann. Lund. bieten. Dazu kommen dann von 1130—37 eine Anzahl dänischer Notizen, bei denen aber auffallend ist, dass sie in zwei chronologischen Fehlern mit allen andern dänischen Annalen und Chroniken übereinstimmen: Sie setzen die Ermordung des Herzog Knut ins Jahr 1130 (richtig am 7. Januar 1131) und die Schlacht bei Fodvig 1135 (richtig am 4. Juni 1134). Das kann kaum Zufall sein, um so weniger, als auch die Fassung der Nachrichten mit der in den andern Quellen auffallend übereinstimmt. Es bleiben nur zwei Möglichkeiten, diese Erscheinungen zu erklären: Entweder wurde schon damals der Grund gelegt zu den Ann. Lund. maj., und wir hätten hier die erste Ableitung, eine Ansicht, der sich der Herausgeber der Ann. Colbaz. zuneigt, oder aber diese letztern Annalen wären entstanden aus einer Verbindung von Nachrichten englisch-französisch-normännischer Chroniken mit einem Kaiserverzeichniss und einem vollständigen Papstcatalog, vermehrt von 1130 an durch Notizen aus einem dänischen Werke, möglicherweise, wie Jørgensen will, der ersten annalistischen Aufzeichnung in Dänemark, dass dann auch später bei der Anfertigung der Ann. Lund. maj. benutzt worden wäre. Auch im erstern Falle müsste dann noch, wie schon oben hervorgehoben, der Papstcatalog neben den Ann. Lund. maj. zur Compilation der Ann. Colbaz. gebraucht worden sein. Von einer Herleitung unserer Ann. Lund. aus den Ann. Colbaz. aber kann keine Rede sein und noch weniger davon, dass man durch eine solche Annahme die Nichtexistenz der Ann. Lund. maj. nachweisen könne.

B. Dänische Compilationen des 16. Jahrhunderts.

Bis auf das Werk Arild Hvitfeld's hin, dessen erster ∂Thil 1595 erschien, entstanden noch auf dem Gebiete der dänischen Historiographie eine Anzahl von Compilationen, die sich mit blossem Excerpiren und Zusammenstellen von

Nachrichten vorliegender Quellen begnügten, ohne an irgend welche Verarbeitung, wie Krantz und Hvitfeld sie vornahmen, zu denken. Es sind Arbeiten, die denen der beiden vorhergehenden Jahrhunderte in keiner Weise überlegen sind, aber sie haben für uns Interesse insofern, als zu untersuchen ist, ob vielleicht Nachrichten der Ann. Lund. maj. von ihnen aufgenommen worden sind. Es kann dabei nicht unsere Aufgabe bilden, einen vollständigen Nachweis aller von ihnen benutzten Quellen zu geben. Vorzüglich werden hier die Jahre 1246—1307 resp. 1313 zu berücksichtigen sein, da sich ja nur für sie eine verlorne Quelle mit Sicherheit nachweisen liess.

Es kommen dabei besonders ein Chronikon von 1268 bis 1523, die Collectaneen des Petrus Olai und die Chronologie des Cornelius Hamsfort in Betracht. Auf eine Untersuchung von Hvitfeld's „Danmarkis Rigis Krønike" kann ich mich hier nicht einlassen. Da Hvitfeld Alles, was ihm an geschichtlicher Ueberlieferung zu Gebote stand, zu verarbeiten suchte und auch wirklich verarbeitete, so würde einem Versuch der Restitution der Ann. Lund. maj. eine solche Untersuchung jedenfalls voraufgehen müssen. Aber die Schwierigkeiten, welche die Art Hvitfeld's zu arbeiten und der Umfang seines Werks bereiten, sind zu gross, als dass die Aufgabe an dieser Stelle gelöst werden könnte.

1. Incerti Auctoris Chronicon Danicum
a. a. 1268 usq. a. a. 1523.

Es ist herausgegeben von Ludewig[1]) und Suhm[2]) Die nicht genau chronologisch geordneten Nachrichten sind aus verschiedenen Quellen zusammengesucht und grösstentheils wörtlich wiedergegeben. Von uns erhaltenen Quellen sind besonders folgende benutzt: 1) Die Chron. Episcop. Lund.; sie ist vom Episcopat des Erlandus (1254—1274) an fast ganz aufgenommen. 2) Das Chron. Dan. ap. Lgb. II, 169 von da an, wo es nicht mehr Auszug der Ann. Ry. ist. 3) Die Historia Danica aus dem Compendium des Thomas

---

[1]) Reliq. manuscr. IX, 92—119.   [2]) Scr. rer. Dan. VI, 219—247.

Geysmer; diese war Hauptquelle für unsern Compilator; er hat sie bis zum Schlusse stets wortgetreu ausgeschrieben[1]) und nennt sie, wie auch Petrus Olai an zwei Stellen thut, Chronicon vulgare. Ausserdem finden sich noch einzelne genauere Uebereinstimmungen mit den dänischen Ann. Ry. zum Jahre 1289 über die Krönung Erich Menveds und mit der Chron. Sial., dem Anon. Chron. Dan. ap. Lgb. VI, 225, der Chronol. rer. memor. und dem Anon. Nestved. zum Jahre 1273[2]) über Erichs Heirath mit Agnes. Auffallend ist, dass die Nachricht über die Verbannung der Mörder Erichs zu 1289, die dem Compendium entnommen ist, eine Reihe von Namen aufführt, die unter den früheren Werken nur die Ann. Dan. ap. Lgb. V, 528 haben. Eine Benutzung dieser Annalen durch unser Chronikon zeigt sich sonst nicht. Sollten Beide diese Namen einer gemeinschaftlichen Quelle, eben den Ann. Lund. maj. entnommen haben?

Aus den Berichten, die sich auf keine der uns erhaltenen Quellen zurückführen lassen, wird eine solche Vermuthung allerdings wenig Bestätigung finden. Dieselben sind ziemlich unbedeutend und mit wenigen Ausnahmen kurze Notizen über Gegenstände, die uns in andern Quellen in abweichender Form und ausführlicher erzählt werden.

---

[1]) Bei diesem Chronikon und erst recht bei den Collectaneen des Petrus Olai tritt besonders die Mangelhaftigkeit der Ausgaben der dänischen Geschichtswerke zu Tage. $^9/_{10}$ derselben ist wörtlich andern Quellen entnommen und könnte also durch blosse Andeutungen ersetzt werden. In Langebeks Scriptores finden sich ganze Seiten, die nicht bloss zwei oder drei, sondern ein halb Dutzend Mal an verschiedenen Stellen wieder abgedruckt sind. Den Herausgebern scheint dies nicht selten gänzlich entgangen zu sein, oder sie machen nichtssagende Bemerkungen in den Noten. So weist Suhm bei unserm Chronikon auf Petrus Olai hin, der dasselbe ausgeschrieben hat, und bei diesem wieder auf das Chronikon, ohne des Thomas Geysmer zu gedenken, der Beiden den Stoff lieferte. Ja, als ob es kein solches Werk in der dänischen Historiographie gäbe, sagt er an einer Stelle, wo das Chronicon offenbar das Compendium ausschreibt und dieses als Chronicon vulgare bezeichnet: „mihi ignotum est". Man vgl. Lgb. VI, 225 zum Jahre 1331 und Note 1 mit Lgb. II, 392.

[2]) Beide Stellen Lgb., Scr. rer. Dan. VI, 219.

Nirgends erhalten wir einen Bericht, welcher der ursprünglichen Quelle näher zu setzen wäre, als die uns erhaltenen. Bei der Art des Verfassers, seine Vorlagen wörtlich abzuschreiben, glaube ich aber, dass diese Notizen uns verlorenen Quellen, nicht den Combinationen des Compilators entstammen, und unter diesen Quellen mag auch eine oder die andere Ableitung der Ann. Lund. maj. sein, die uns mit diesen zugleich verloren gegangen ist. Einer solchen Quelle mögen z. B. die Nachrichten zu den Jahren 1268 und 1297 [1]) entnommen sein.

Stark benutzt ist unser Chronikon von dem fleissigsten Sammler des 16. Jahrhunderts, dem Franciskanermönche Petrus Olai.

2. Die Collectaneen des Petrus Olai.

Dem Umfange dieser Collectaneen entspricht nicht ihre Bedeutung; ihre Quellen sind uns glücklicherweise grösstentheils erhalten. Petrus Olai gehörte wahrscheinlich dem Kloster Roeskild an und starb zwischen 1560 und 1570. Von dem Inhalte seines Sammelwerks giebt Langebek [2]) ein genaues Verzeichniss. Für uns kommen nur drei Theile desselben in Betracht: eine Chronica regum Danorum von Dan bis zum Tode Johannes' 1513 [3]), Excerpta ex Historicis Danorum a Svenone Tiugskaeg ad Ericum Menved, 986—1290 [4]), und eine Anzahl Randnoten, welche Petrus Olai in seinen Collectaneen machte, und die Langebek auszog und mit Weglassung der fremden Nachrichten chronologisch ordnete [5]).

Jene Chronica ist ein Auszug aus Saxo, dessen Königsreihe aus den Ann. Ry. ergänzt wird. Auch die Reimchronik wird mehrfach citirt und an einer Stelle [6]) ein Abschnitt aus dem Chron. Dan. ap. Lgb. II, 433 aufgenommen [7]). Wo Saxo abläset, wird die Historia Danica in dem Compendium des Thomas Geysmer Hauptquelle, die zwei Mal als Chro-

---

[1]) Lgb., Scr. rer. Dan. VI, 219 und 222.   [2]) Scr. rer. Dan. I, 69.   [3]) Lgb., Scr. rer. Dan. I, 77—148.   [4]) Lgb., Scr. rer. Dan. II, 204—265.   [5]) Lgb., Scr. rer. Dan. I, 171—197.   [6]) Lgb., Scr. rer. Dan. I, 120.   [7]) S. oben S. 55.

nicon vulgare citirt wird, und später wird das so eben besprochene Chron. Dan. ausgeschrieben. Auch die Chron. Episcop. Lund. ist dem Verfasser bekannt und wird von ihm benutzt und ebenso Krantzens Werk. Selbständige Nachrichten, die auf uns verlorene Quellen hindeuteten, hat er mit Ausnahme der ausführlichen Sage vom heiligen Wenzeslaus und dem Könige Erich nicht. Die Excerpta Historica sind ein ausführlicherer Auszug aus Saxo als diese Chronik; auch sind die Nachrichten des Compendiums hier durch reichlichere Benutzung von Krantz, der Chron. Episcop. Lund., dem Chron. Dan. ap. Lgb. V, 528 und durch Ordensnachrichten stärker vermehrt als im Chronikon. Nachrichten aber, welche auf eine Benutzung der Ann. Lund. maj. schliessen lassen könnten, finden sich nicht.

Jene Randnotizen liefern in ihrer Gesammtheit, wie sie uns bei Langebek als Petri Olai Annales Danici entgegentreten, die denkbar bunteste Compilation. Fast zu jedem Jahr und zu jedem Gegenstand finden sich mehrere Nachrichten, deren grösster Theil sich auf seine Quellen zurückführen lässt und zeigt, wie Petrus Olai in diesen Notizen seine Vorlagen wörtlich ausschrieb. In dem Zeitraum von 1246—1307 finden wir Notizen aus folgenden Quellen: Chronologia rer. memor., Anon. Nestved. (besonders zahlreich), dänisch-schwedische Annalen ap. Lgb. I, 387, Chron. Dan. ap. Lgb. V, 528, Anon. Chron. Dan. ap. Lgb. IV, 225, Ann. Ry., Chron. Episcop. Lund., dänische Ann. Ry., das vorhin besprochene Chron. Dan. von 1268—1523, Chron. Dan. ap. Lgb. II, 433, Diar. Wisb., Ann. Lund., Chron. ap. Lgb. II, 169 und Liber Daticus Roskildensis. Das Letztere, das uns leider nicht vollständig erhalten ist, wurde, wie eine Nachricht zum Jahre 1274[1]) zeigt, von Petrus Olai benutzt und hat ihm gewiss noch mehrere von den Roeskilder Nachrichten, die ziemlich zahlreich sind, geliefert; eine derselben, über den Brand der dortigen Kirche, für die Petrus Olai einen uns unbekannten Autor, Hiembek, citirt, ist fälschlich unter das Jahr 1272 statt 1282 gerathen.

---
[1]) Man vgl. damit Lgb., Scr. rer. Dan. III, 268.

Ausser den genannten sind offenbar noch andere Quellen benutzt, denn es finden sich noch eine Reihe Nachrichten, die wir nicht aus andern Aufzeichnungen herzuleiten vermögen. Bei der grossen Anzahl der benutzten Quellen, unter denen uns gänzlich unbekannte Werke, lassen sich nur sehr unsichere Schlüsse auf eine etwaige Benutzung der Anni Lund. maj. machen. Die Nachrichten, welche Petrus Ola. giebt, sind meistens sehr kurz, entsprechen durchaus nicht der Vorstellung, die wir uns von jenem Annalenwerke machen müssen. Ein Theil derselben hat vielleicht Werken angehört, die auch in den Ann. Lund. maj. ihre Grundlage hatten und uns wie diese verloren gingen. Einer solchen Quelle scheint z. B. die Notiz zum Jahre 1250 über König Erich Plogpennig und die Schoninger anzugehören, wenn man sie mit unsern Ann. Lund, vergleicht. Aus einer Benutzung der Ann. Lund. maj. gedeutet werden könnten allenfalls Nachrichten, wie die zum Jahre 1250 über die Einnahme Schleswigs durch König Erich, die Nachrichten zu 1263 und 1264, zu 1291 und besonders zu 1266, wo das Chron. Dan. ap. Lgb. V, 528 benutzt scheint, aber Einiges weggelassen, Anderes hinzugefügt ist, in einer Weise, wie Petrus Olai sonst seine Vorlagen nicht zu gebrauchen pflegt, so dass man zu der Vermuthung geneigt ist, beide Berichte entstammten einer gemeinschaftlichen Quelle, und wir hätten hier Stücke der Ann. Lund. maj. vor uns.

3. Hamsfortii Chronologia Secunda.

Auch in dieser Compilation[1] aus dem Ende des 16. Jahrhunderts lässt sich keine Benutzung der Ann. Lund. maj. nachweisen. Der Verfasser hat eine Reihe von genauen Nachrichten, die ihm eigenthümlich sind, aber er verdankt dieselben offenbar der Benutzung von Urkunden, nicht einem Annalenwerke. So standen ihm besonders Urkunden des Lygumklosters, dann von Roeskild, Ripen, Odense u. a. zu

---

[1] Gedruckt bei Lgb., Scr. rer. Dan. I, 266—334.

Gebote. Von uns erhaltenen Quellen sind für den hier in Betracht kommenden Zeitraum besonders die uns in dänischer Sprache bekannte Redaction der Ann. Ry. benutzt und zwar nicht nach dem ihnen zu Grunde liegenden lateinischen Text oder in ihrer dänischen Fassung, sondern in der Rückübersetzung aus dem Dänischen ins Lateinische, die von Laurentius Stral herrührt und als „Annales Stralii" von Langebek[1]) herausgegeben ist. Dieses Verhälniss verräth sich deutlich zum Jahre 1275. Dort haben die dänischen Annalen: „Consilium generale wor i Lund, klærkæmood, vnder Gregorius pauæ thiit thæn tiende." Laurentius Stral übersetzt: „Concilium generale fuit Lundis contra Clericos tempore Gregorii X Papae" und Hamsfort schreibt diesen Unsinn treulich nach, obgleich Stral den dänischen Text neben dem lateinischen stehen liess, der Irrthum also unschwer zu entdecken war. Auch die dem genannten Jahr voraufgehenden und nachfolgenden Notizen zeigen deutlich, dass Cornelius Hamsfort die Rückübersetzung des Laurentius Stral stark benutzte. Doch sind ihm daneben auch unsere lateinischen Ann. Ry. bekannt gewesen, wie das Jahr 1288 zeigt. Ausserdem haben ihm noch die Chron. Episcop. Lund., das Chron. Dan. ap. Lgb. II, 433 und vielleicht auch Detmar Nachrichten geliefert neben einigen andern Quellen, wie die Annales Langii und ein Diarium der Franciskaner, die uns nicht erhalten sind. Detmar scheint 1272 bei dem Bericht über die Hungersnoth in Lübeck benutzt; aus dem Chron. Dan. ap. Lgb. II, 433 sind einige weltliche und Ordensnachrichten zu den Jahren 1285 und 1286 genommen.

So lässt sich in keiner der spätern dänischen und fremden Quellen eine directe Benutzung der Ann. Lund. maj. mit Sicherheit nachweisen; sie würden bei dem Versuch einer Restitution wenig in Betracht kommen. Es ist das jedenfalls auffallend, aber nicht ohne Beispiel. Ist doch das bedeutendste Werk des 14. und 15. Jahrhunderts, die sogenannte Contin. Chron. Sial., ebenfalls von keinem spätern

---
[1]) Ser. rer. Dan. III, 803—816.

Geschichtsschreiber, von Hvitfeld abgesehen, benutzt worden. Es scheint, als ob es trotz seiner Wichtigkeit und trotzdem, dass es offenbar in wohlunterrichteten und nicht verborgen stehenden Kreisen entstand, doch gänzlich unbekannt geblieben oder wenigstens unbenutzt gelassen ist. Schon oben[1]) ist die Möglichkeit einer engen Verbindung zwischen diesen beiden nächst Saxo bedeutendsten dänischen Werken des Mittelalters hervorgehoben worden. Sie scheinen auch das mit einander gemein zu haben, dass sie von den späteren Compilatoren unbeachtet gelassen wurden. Leider ist das Wichtigere derselben, vielleicht eben dadurch, uns verloren gegangen und wird kaum in authentischer Form wieder herzustellen sein. —

---

[1]) S. 66 ff.